A FÓRMULA DOS CAMPEÕES

PREZADO(A) LEITOR(A),

Queremos muito saber a sua opinião sobre nossos livros! Após a leitura, convidamos você a seguir nossas redes sociais e visitar nosso site para mais conteúdos e novidades.

Redes sociais:
Instagram: **@editoranewcastle | @newcastleidiomas**
LinkedIn: **linkedin.com/company/newcastleidiomas**
YouTube: **@newcastleidiomasoficial | @podcastle_TV**

Site:
www.editoranewcastle.com.br

Entre em contato conosco e compartilhe suas sugestões, críticas e elogios. Sua opinião é muito importante para nós!

A FÓRMULA DOS CAMPEÕES

PROFISSIONAIS DE ALTA PERFORMANCE

GUSTAVO MARTÍNEZ

NEWCASTLE

Diretor
Gustavo Martínez

Projeto Gráfico, Capa e Diagramação
Felipe Antonio Battistoni

Revisão
Editora Newcastle

Av. Orosimbo Maia, 611 - Vila Itapura, Campinas, SP
CEP 13023-002

Site: www.editoranewcastle.com.br

E-mail: contato@newcastleidiomas.com.br

Dados Internacionais de Catalogação na Publicação (CIP)
Eliane de Freitas Leite - Bibiiotecária - CRB 8/8415

A fórmula dos campeões : profissionais de alta performance
1. ed. Campinas, SP : Newcastle English Center, 2025.

Gustavo Martínez.
ISBN 978-65-987651-4-9

1. Empreendedorismo 2. Liderança 3. Mentalidade positiva 4. Negócios - Planejamento
5. Vendas Administração 6. Vendas - Metodologia 7. Vendas Técnicas I. Título.

25-297186.0 CDD-658.81

Índices para catálogo sistemático:
1. Vendas : Administração 658.81

NOTA DA PUBLISHER

É com grande entusiasmo que a Editora Newcastle apresenta *A Fórmula dos Campeões: Profissionais de Alta Performance*, uma obra que redefine o conceito de excelência profissional, escrita por nosso próprio CEO e fundador, Gustavo Martínez.

Autor de títulos impactantes como *Princípios Poderosos para Recomeçar*, *Liberte o Seu Potencial* e *O Sábio que Vendeu a Sua Lamborghini*, ele novamente compartilha seu profundo conhecimento e estratégias práticas para inspirar e capacitar profissionais em sua busca por resultados extraordinários.

Neste livro, o autor explora os princípios fundamentais para alcançar a maestria no mundo corporativo e além. Com uma abordagem clara e motivadora, ele oferece um roteiro para desenvolver habilidades cruciais, maximizar o desempenho e se destacar em qualquer área de atuação.

Com muito orgulho e gratidão, apresentamos mais essa obra indispensável para quem busca transformar seu potencial em ações concretas e resultados incríveis. Não apenas um livro, mas uma ferramenta poderosa para quem está determinado a conquistar um lugar de destaque em sua carreira e no mercado.

EDITORA NEWCASTLE

@editoranewcastle

Dedico este livro a todo profissional que é o verdadeiro campeão.

Aos que escolhem levantar todos os dias com coragem, mesmo quando tudo parece difícil.

Aos que não se conformam com o comum, que buscam evolução constante e que sabem que o verdadeiro sucesso está na jornada, não apenas na chegada.

Este livro é para você, que decide vencer com aquilo que tem hoje, que transforma obstáculos em degraus e que carrega dentro de si a chama da superação.

Que essa leitura desperte ainda mais o campeão que já existe em você.

SUMÁRIO

COMEN
TÁRIO

Fala, irmão! Vejo em você uma pessoa que se compromete a ser uma referência de superação, um verdadeiro missionário da vida. Sua dedicação à comunicação, especialmente por meio da literatura, revela um propósito inspirador.

Tenho uma visão clara: *"Quem não pensa é pensado."*

Através da sua obra, você estimula as pessoas a refletirem, a se tornarem protagonistas das próprias histórias. Ao resgatar referências do passado e transformá-las em algo moderno e contemporâneo, você cria um cenário que permite às pessoas se identificarem, sentirem-se vistas e acolhidas. Sua mensagem tem um poder especial de tocar corações.

Costumo dizer que somos todos uma frequência do todo, como uma gota d'água que, mesmo pequena, representa a grandiosidade do mar. Somos centelhas divinas, manifestações da grande frequência de Deus. Ao invocar o princípio da generosidade, você desperta essa luz interior e promove o encontro entre o ser humano e sua própria essência. Através da literatura, você guia as pessoas a se conhecerem melhor, a enxergarem a si mesmas por meio da sua perspectiva.

Isso é uma bênção. Por isso, desejo que o mundo continue a te abençoar, te inspirar e divulgar sua missão, que a cada dia se torna mais edificante.

Deus te abençoe!

SEBASTIAN

Conhecido como o maior garoto-propaganda do Brasil, é artista e palestrante.

@soueusebastian

PREFÁCIO

Os livros do Gustavo Martínez são extraordinários do ponto de vista motivacional. A sua mensagem é clara e direta. O *storytelling* dele é impressionante, em todas as mídias e palestras. Tem credibilidade, emoção e lógica. Ele tem o dom natural de produzir conteúdo inspirador que ilumina como um farol de locomotiva os trilhos que devem ser percorridos pelo viajante que quer, por intermédio da luta, vencer os obstáculos e conquistar vitórias. São obras com uma comunicação fluida com relevo na experiência pessoal, falando das crenças de vida do Gustavo.

Esse livro, por exemplo, *A Fórmula dos Campeões*, vem na mesma pegada do livro *Princípios Poderosos para Recomeçar*, a obra anterior dele, com foco no desenvolvimento pessoal e o aprimoramento. Histórias de personalidades que aplicaram a visão da disciplina para buscar aquilo que acreditam como performance e realização profissional. Passos vitais para quem quer aprender com quem é autoridade e tem a experiência de quem já percorreu os caminhos e conseguiu sucesso.

Antes da invenção do GPS, usávamos um mapa para achar os locais onde queríamos chegar. As histórias que o Gustavo conta são como aqueles mapas verdadeiramente úteis que mostravam o caminho assertivamente, dissipando a névoa da incerteza. Ao ter dúvida de qual caminho seguir, cria-se uma cortina que nos impede, por vezes, de enxergarmos a estrada, que mais tarde, vai parecer óbvio. Mas, naquele momento, estava enevoado. Precisamos de uma bússola para facilitar a trajetória.

A trajetória de superação do Gustavo nos remete a uma reflexão sobre o poder que cada ser humano possui de suplantar as dificuldades que a vida oferece, seja no plano pessoal ou profissional. A verdade é que o sucesso demora para chegar e testa os limites da pessoa, assim como exigiu do Gustavo força e coragem para lutar e vencer. Foi acreditando nisso que ele se levantou todas às vezes que foi nocauteado pelos incontáveis problemas. Não ficou lá no chão se lamentando. Tinha disposição para guerrear contra as agruras da vida e encarou as batalhas com bravura e determinação. Deu um passo, depois outro, e assim conseguiu avançar com esperança para sustentar a sua alma em meio às tempestades. Um exemplo concreto de como se deve comportar, aquele que busca a vitória intransigentemente.

Contar história faz parte da humanidade desde o seu princípio. Hoje em dia, a habilidade de contar histórias se tornou algo muito importante, pois através dessas mensagens, pessoas são impactadas e quase sempre se beneficiam dessa ajuda. As histórias que o Gustavo apresenta, de maneira autentica e memorável, servem de alavanca para despertar a coragem de cada leitor para a luta.

Para conquistar um sonho, você não pode deixá-lo na cama, ao levantar todas as manhãs. Nem no armário ou na gaveta. Ele tem que ir com você, tomar café, almoçar, jantar e acompanhá-lo permanentemente até na hora de se deitar. No dia seguinte, começa tudo de novo. Busque informações sobre o que pretende fazer, estude com afinco sobre o tema, participe de *workshops* que abordam aquilo que você escolheu como sonho. Ande com pessoas que estão na mesma sintonia da luta por conquistas.

Quantas carreiras promissoras foram interrompidas? Inúmeras, com certeza. É preciso saber, com clareza, o que realmente você quer. Essa convicção é fundamental e vai fazer com que os seus pés te levem em direção à construção do seu sonho.

Nossa jornada tem que representar um sentimento verdadeiro, que nos orgulha muito e, quando olharmos a trajetória, o que foi construído ficará marcado como uma história de vida retumbante, como algo positivo e duradouro.

Ótima jornada para você.

CARLOS BATISTA

Radialista, locutor esportivo, apresentador de televisão e publicitário. Autor do livro: O Guardião da Ilha.

@carlosbatistabatista

INTRO DUÇÃO

Você já parou para pensar no que realmente separa os profissionais extraordinários daqueles que se veem presos na estagnação? Os que desenvolvem a sua evolução, comparados com aqueles que passam anos vivendo no automático, sem resultados expressivos, vendo a carreira empacar e os sonhos virarem poeira?

A resposta não está na sorte. E definitivamente não está em algum talento especial com o qual poucos nasceram. O verdadeiro diferencial está na mentalidade e, acima de tudo, na capacidade de aplicar, com consistência, métodos e princípios que funcionam de verdade.

É exatamente isso que você vai encontrar neste livro.

Aqui, compartilho os aprendizados que transformaram minha trajetória. O passo a passo que aprendi com grandes mentores que, quando apliquei na minha vida, transformaram meus resultados expressivamente. Do meu início de vendedor de curso de inglês por comissão, sem formação acadêmica e sem domínio de um segundo idioma, para construir uma rede de escolas com mais de 50 mil clientes atendidos e dezenas de profissionais formados, que hoje ocupam cargos de liderança e se tornaram empreendedores de sucesso.

E quando compartilho isso com você, faço com o coração aberto e muita humildade, não para me engrandecer, mas para mostrar que é possível. Que a metodologia presente nestas páginas é real, prática e aplicável para qualquer pessoa disposta a aprender, refletir e agir.

A primeira versão deste livro foi lançada no final de 2020, em meio à pandemia de COVID-19, com o título *Manager's: 21 Princípios Praticados pelos Campeões*. Foi escrita em um dos momentos mais difíceis da nossa geração, e trouxe todos os aprendizados que eu e meu time aplicamos e fez conquistarmos resultados extraordinários até aquele período.

Mas de lá para cá, o mundo mudou (e como mudou), os desafios aumentaram e milhões de empresas e carreiras profissionais que não se atualizaram morreram.

A pandemia nos ensinou que nós também precisamos evoluir, que por mais "orgulho" que possamos ter da nossa trajetória, temos que sempre ter a humildade de olhar para o futuro com a mesma essência de quando iniciamos a nossa jornada.

Por isso, esta nova edição nasce, revisada, ampliada e atualizada com um novo título: *A Fórmula dos Campeões: Profissionais de Alta Performance*.

Neste livro, você vai encontrar muito mais do que estratégias. Vai mergulhar em experiências reais, aprendizados práticos, ferramentas validadas e exemplos concretos que funcionam — porque foram testados, aprimorados e aplicados ao longo de anos por mim e por líderes de alta performance.

Não estamos falando aqui de frases de efeito ou teorias bonitas que nunca saem do papel.

O que você vai ler foi forjado no campo de batalha: nas dores e vitórias do empreendedorismo, nas conversas com mentores, nas decisões difíceis, nas madrugadas em claro, nos sonhos insistentes.

Este livro não é sobre fórmulas mágicas, ou papo de empreendedor de palco. Aliás, eu nem acredito nisso.

Este livro é sobre clareza.

Sobre foco.

Sobre ação.

Sobre um mapa objetivo e poderoso, escrito com simplicidade e profundidade, para que qualquer profissional, em qualquer fase da carreira, possa aplicar e ver os resultados acontecerem de verdade.

O que compartilho aqui é a base do que manteve viva e em crescimento uma empresa que, aos olhos de muitas pessoas, nasceu com tudo para dar errado, pois não tínhamos recursos financeiros para começar. Ainda assim, já está há quase duas décadas no mercado, enfrentou e superou diversas crises, e se tornou uma das grandes referências no setor.

Agora, eu te faço um convite:

Você, profissional, líder ou empreendedor...

Está disposto a questionar o que tem feito até aqui?

Está pronto para dar o próximo passo rumo ao inesperado?

Este livro vai te provocar.

Vai te tirar do piloto automático.

Vai ampliar a forma como você enxerga seu potencial, suas decisões e o impacto das suas atitudes.

Porque alta performance não é um ponto de chegada, é uma forma de caminhar.

E, nesse caminho, você vai descobrir do que realmente é capaz.

O conteúdo que você encontrará nesta obra é mais do que teoria.

É o **manual da minha empresa**, é a visão mais clara que aplico nos meus treinamentos, palestras e mentorias.

É a verdade nua e crua do empreendedorismo no mundo real, longe dos holofotes, mas cheio de aprendizados, desafios superados e resultados concretos.

Agora eu te pergunto:

O que você vai fazer com o poder dessa informação?

O futuro está nas suas mãos.

Desejo de todo coração que este livro lhe inspire ainda mais na sua trajetória vitoriosa.

GUSTAVO MARTÍNEZ

Escritor, empreendedor (fundador do grupo Newcastle Idiomas e da Editora Newcastle), palestrante e host do Podcastle TV.

@gustavonewcastle

MILHO DE PIPOCA

UMA PARÁBOLA SOBRE MUDANÇA E TRANSFORMAÇÃO

A ***transformação do milho-duro em pipoca macia é*** *símbolo da grande transformação que os homens devem passar; para que eles sejam o que devem ser. O milho de pipoca seco não é o que deve ser. Ele deve ser aquilo que acontece depois do estouro.*

O milho de pipoca somos nós: duros, impróprios para comer.

Pelo poder do fogo, podemos, repentinamente, nos transformar em algo maior.

Mas a transformação só acontece pelo poder do fogo.

Milho de pipoca que não passa pelo fogo continua a ser milho de pipoca seco, para sempre.

Assim acontece com as pessoas.

As grandes transformações acontecem quando passamos por circunstâncias como o fogo.

Quem não passa pelo fogo fica do mesmo jeito, a vida inteira.

São pessoas de uma mesmice e uma dureza assombrosas.

Só que elas não percebem. Acham que o seu jeito de ser é o melhor jeito de ser. Mas, de repente, vem o fogo.

O fogo é quando a vida nos lança numa situação que nunca imaginamos.

Pode ser o fogo externo: perder um amor, ficar doente, perder o emprego, ficar pobre.

Pode ser o fogo interno: pânico, medo, ansiedade, depressão, sofrimentos cujas causas ignoramos.

Há sempre o recurso do remédio. Apagar o fogo.

Sem fogo, o sofrimento diminui. E com isso a possibilidade da grande transformação.

Imagino que a pobre pipoca, fechada na panela, lá dentro ficando cada vez mais quente, pensa que a sua hora chegou: vai falecer.

Dentro de sua casca dura, fechada em si, ela não pode imaginar destino diferente. Não pode imaginar a transforma-

ção que está sendo preparada. A pipoca não tem a capacidade de imaginar o seu potencial.

Aí, sem aviso, pelo poder do fogo, a grande transformação acontece: BUM! — e ela aparece como outra coisa completamente diferente que ela mesma nunca havia sonhado.

Bom, mas ainda temos o piruá — o milho de pipoca que se recusa a estourar. São aquelas pessoas que, por mais que o fogo esquente, se recusam a mudar. Elas acham que não pode existir coisa mais maravilhosa do que o jeito delas serem. A sua presunção e o medo são a dura casca que não estoura.

O destino delas é triste. Ficarão duras a vida inteira. Não vão se transformar na flor branca e macia. Não vão dar alegria para ninguém.

Terminado o estouro alegre da pipoca, no fundo da panela ficam os piruás que não servem para nada.

Seu destino é o lixo.

— Parábola baseada na obra de Rubens Alves.

MENTALIDADE

01

MONTE DA PROSPERIDADE

*E**m um vilarejo próximo a uma floresta, havia uma** pequena aldeia situada entre altas montanhas, onde viviam dois amigos, David e Peter. Desde crianças, eles compartilhavam o mesmo sonho: alcançar o topo da montanha mais alta da região, conhecida como o Monte da Prosperidade.*

Eles eram muito diferentes em seus modos de encarar a vida. David, sempre otimista e determinado, acreditava que, com esforço e dedicação, qualquer objetivo poderia ser alcançado. Já Peter, apesar de possuir habilidades semelhantes, muitas vezes se via limitado por seus próprios medos e dúvidas.

Um dia, decidiram iniciar a jornada rumo ao Monte da Prosperidade. David, com sua mentalidade de alta performance, se preparou, estudou o terreno, planejou cada passo e visualizou a chegada ao topo. Ele sabia que seria uma jornada desafiadora, mas estava pronto para superar todos os obstáculos.

Por outro lado, Peter estava cheio de incertezas e preocupações, ele duvidava de suas próprias habilidades e se deixava levar pelo medo do fracasso. Apesar de desejar ardentemente alcançar o topo, sua mentalidade limitada o impedia de dar o primeiro passo com confiança.

Enquanto subiam a montanha, David mantinha o foco em sua meta, enfrentando cada desafio com determinação e persistência. Ele encorajava seu amigo Peter a seguir em frente, compartilhando palavras de motivação e incentivando-o a acreditar em seu potencial e que chegar ao topo era possível.

À medida que avançavam, Peter começou a perceber que sua mentalidade estava mudando. Inspirado pela determinação de David e pela superação de seus próprios medos, ele encontrou forças para seguir em frente, deixando para trás as dúvidas e incertezas que antes o limitavam.

Finalmente, após dias de escalada árdua, David e Peter chegaram ao topo do Monte da Prosperidade. Lá, diante da imensidão das montanhas e da beleza do horizonte, ambos perceberam que a verdadeira vitória não estava apenas na conquista do objetivo, mas na jornada e aprendizados que os levou até ali.

A parábola do *Monte da Prosperidade* nos ensina que uma mentalidade positiva é essencial para alcançar nossos sonhos. Assim como ambos os amigos, podemos enfrentar desafios, superar limitações e alcançar grandes feitos quando acreditamos em nosso potencial e mantemos o foco em nossos objetivos.

Você é o resultado da mentalidade e, para ser um profissional de sucesso, esse é o primeiro princípio a ser desenvolvido.

Segundo a ciência, **mentalidade** é uma predisposição psicológica que uma pessoa tem para determinados pensamentos e comportamentos; é a configuração mental de cada indivíduo; ou seja, o pensamento, que gera um sentimento, que gera uma ação de comportamento, que determina um resultado.

Faça uma reflexão do que dominou seus pensamentos nas últimas semanas, meses e talvez anos e avalie o quanto esses pensamentos influenciaram nos seus sentimentos e o quanto esses sentimentos influenciaram as suas ações e como consequência os seus resultados.

Você consegue compreender que a sua mentalidade é o seu estilo de vida e que sua vida é os resultados desse conjunto de ações?

Pensamentos, sentimentos e comportamentos.

As suas ações estão lhe aproximando ou distanciando da visão de futuro que você planejou para a sua vida?

Estamos vivendo em um momento da história onde muitas pessoas têm uma rotina repleta de compromissos e desafios diários, a responsabilidade em várias áreas da vida faz muitos se sentirem sobrecarregados e viverem bem abaixo do seu verdadeiro potencial. Construir o hábito de ter a mentalidade positiva, mediante as adversidades da vida, pode se tornar uma chave para a sua evolução.

Quando nos permitimos ver as adversidades e os estresses dos compromissos diários como oportunidades de crescimento, transformamos os obstáculos da vida em oportunidades para o progresso. Cada pensamento positivo é como uma semente plantada no seu coração, vai produzir bons frutos que irão reverberar.

Nos momentos mais sombrios, ter uma mentalidade positiva vai ser a chave poderosa para lhe tirar da escuridão. Se você não está satisfeito com as suas colheitas, é hora de refletir e decidir mudar o plantio; mas para construir o hábito da mentalidade positiva, é necessário ter o domínio dos influenciadores das suas ações, os quais são: seus pensamentos, sentimentos e comportamentos.

O seu passado pode ter erros, o seu passado pode ter falhas, mas o seu futuro é um livro em branco.

Talvez você nunca tenha tido uma referência positiva próxima a você, mas mesmo com todas as adversidades que você teve que enfrentar na sua vida, desenvolva a consciência de que são as suas atitudes de hoje que vão determinar o seu destino.

Se você já está nesse processo de desenvolvimento, parabéns, pois já deu o primeiro passo para coisas grandes acontecerem na sua vida. Agora, se você ainda não deu esse passo, tome essa decisão agora, não deixe esse momento esfriar, pois o tempo vai passar, a sua vida vai passar e a questão não é saber que tudo passa e sim saber como você quer desfrutar dessa jornada — sendo coadjuvante ou protagonista da sua vida?

Você tem muitos talentos e aptidões. Dentro de você, há um gigante adormecido, uma força de potencial ilimitado esperando para ser despertada. Este gigante é a soma de todas as suas capacidades, sonhos e inspirações. É a personificação do seu verdadeiro "EU", esperando para despertar das sombras do conformismo e autolimitação.

Futuros brilhantes são construídos com pequenos gestos repetidos diariamente: hábitos vencedores formam pessoas vencedoras. Então, a responsabilidade da sua vida é somente sua. É você que pode mudar a sua história; é você que tem que tomar essa decisão. Não se apegue ao seu passado, encare-o de frente. Se tem erros que precisam ser corrigidos, faça-os. Libere perdão, peça perdão, honre as pessoas que lhe deram a mão, pois, dessa forma, você conseguirá dar o primeiro passo para a transformação da mentalidade negativa em positiva. Você não vai construir um futuro brilhante se ficar preso ao passado frustrante.

Existem dois leões alimentados diariamente dentro de você.

Vamos chamar de Mufasa (o leão da selva) e Scar (o leão do zoológico), o que você mais alimentar, vai se tornar o mais influente na sua vida.

> *Mufasa cresceu sob os desafios diários da savana africana.*
> *Desde muito jovem, teve que enfrentar todos os tipos de dificuldades da vida selvagem: caçar para sobreviver, lutar contra predadores e proteger seu bando. Desde jovem, aprendeu a importância de enfrentar a vida, de lutar pelos seus sonhos e objetivos e de acreditar no seu potencial. E entendeu que não são as circunstâncias que vão forjar o seu destino. Pois na selva, assim como na vida, a estabilidade não existe e a qualquer momento as adversidades vão chegar e tudo pode mudar.*
> *Por outro lado, Scar, um leão nascido e criado no maior zoológico de Nova York, que nunca precisou caçar por comida, pois era alimentado regularmente por seus cuidadores, nunca precisou lutar pelo seu território ou pelo seu bando, pois nunca sofreu uma ameaça verdadeira. Sua rotina consistia em dormir e passear em sua imensa jaula, sem nunca enfrentar os perigos ou desafios da vida selvagem.*
> *Apesar das diferenças em seus ambientes de crescimento, ambos eram leões, dotados de força e coragem. Porém, foi apenas um que*

desenvolveu todo o seu potencial. A mentalidade de Mufasa desde o seu nascimento foi modelada para aprender a sobreviver nos piores cenários. Ele se tornou rei, mas durante a sua jornada passou diversas vezes pela dor do desconforto. Por outro lado, Scar, embora confortável em sua vida de segurança e comodidade, nunca teve a oportunidade de descobrir seu verdadeiro potencial. Ele estava confinado em uma existência monótona, sem desafios para superar ou obstáculos para conquistar. Como resultado, sua força e habilidades permaneceram subdesenvolvidas, obscurecidas pela falta de experiência e adversidade.

Assim como o exemplo desses leões, faça uma reflexão, pois diferente da vida de Scar que nasceu dentro do zoológico e com o seu destino traçado, todas as pessoas têm a oportunidade de enfrentar escolhas e circunstâncias que moldam o caráter e determinam o destino de cada um. Independente do local que nasceu (que, é óbvio, nos influencia, mas não determina o nosso destino).

Podemos optar por abraçar os desafios, enfrentar as adversidades e crescer além de nossos limites, ou podemos nos contentar com uma vida de conforto e segurança, sem jamais descobrir o verdadeiro poder que existe em nós.

Que tipo de leão tem sido você?

O caminho do desenvolvimento se parece muito com a jornada de um leão na selva. É feito de subidas íngremes, trilhas incertas, terrenos instáveis.

Nada é previsível.

Nada é confortável.

A cada passo, surgem obstáculos que testam não apenas a força física, mas, principalmente, a força mental.

Essa é a realidade de quem vive o empreendedorismo, na prática. De quem não trabalha apenas por carga horária, mas por resultado. De quem acorda todos os dias com o olhar fixo em um objetivo, mesmo quando o cansaço, as dúvidas e as dificuldades tentam desviar o foco.

Alcançar o próximo nível exige dor.

Exige renúncia.

Exige crescer onde muitos desistem.

A evolução real é desconfortável — e por isso poucos a escolhem. Ela exige que você saia do abrigo da zona de conforto e encare o processo como ele é: bruto, exigente e real.

Nem todos estão prontos.

Muitos preferem viver como o leão do zoológico: aparentemente seguro, alimentado, sem riscos — mas também sem liberdade, sem instinto, sem desafio. Vive dentro de grades invisíveis, limitando seu potencial, ignorando a selva que pulsa lá fora.

Mas o leão da selva...

Ah, esse vive com propósito.

Ele sente a escassez, enfrenta tempestades, convive com ameaças — mas permanece rei. Porque carrega algo que ninguém pode tirar: a sua mentalidade.

O leão não abaixa a cabeça para nenhum outro animal.

Ele pode até tropeçar, mas nunca perde a postura.

Porque ele sabe quem é.

E é exatamente por isso que escolhemos o leão como símbolo da nossa empresa: Newcastle Idiomas.

Não é sobre força.

É sobre identidade.

Sobre coragem.

Sobre presença.

Sobre viver com intensidade e liderar com propósito.

Alta performance não é dom.

É decisão.

É disciplina com direção.

É visão de futuro com ação no presente.

É levantar mesmo com medo.

É seguir mesmo com dúvidas.

É persistir mesmo em meio ao caos.

Essa mentalidade constrói.

Essa mentalidade lidera.

Essa mentalidade transforma vidas, negócios e destinos.

Agora, olhe para dentro de si e seja honesto:

Você está vivendo como o leão da selva ou do zoológico?

Chegou a hora de despertar sua verdadeira natureza.

Chegou a hora de parar de sobreviver... e começar a reinar.

Porque, no fim das contas, na selva da vida, só reina quem tem coragem de enfrentar seus próprios medos e não abaixa a cabeça para nenhum deles.

Quem nasceu para ser protagonista, não aceita desculpas, apenas resultados.

Não deixe que pessoas que não têm disposição para buscarem seus sonhos, consigam influenciar você a desistir dos seus.

Prepare-se: uma chave importante para o desenvolvimento é acreditar que você vai conseguir realizar, é ter autoconfiança. E a chave importante para ter autoconfiança é a preparação. Igual aos personagens das duas parábolas, podemos superar desafios aparentemente insuperáveis, encontrar força nas adversidades e abraçar nosso verdadeiro potencial.

O que nos define não são as circunstâncias em que nascemos ou fomos criados, mas sim as atitudes e escolhas que fazemos na vida e a determinação com que enfrentamos os obstáculos.

Convido você a olhar profundamente para dentro de si e encontrar a chama do protagonismo que arde em seu coração.

Abrace sua jornada com coragem, determinação e resiliência. Pois são nas páginas em branco que estão por vir que você vai ter a grande oportunidade de escrever o seu legado. O ponto de partida de qualquer conquista é o desejo implantado na sua mentalidade.

Os vencedores fazem aquilo que os perdedores não gostam de fazer. O mundo espera ansiosamente pelo impacto positivo que somente você pode causar.

Você nasceu para ser campeão.

A escolha agora é sua.

"Imagine a mente como um jardim, onde cada pensamento é uma semente. Se você planta negatividade, colherá desânimo e frustração. Mas se cultivar positividade, florescerá esperança e realização. As grandes conquistas nascem quando a disciplina entra onde a motivação falha.
Lembre-se: é na mente que reside o poder de moldar o destino."

ALTA
PERFORMANCE
NÃO É DOM.
É DECISÃO.

QUAL O SEU VALOR?

02

Marcos trabalhava na empresa há mais de dez anos. Sempre cumprindo suas tarefas. Mas, um dia, ficou sabendo que seu colega Roberto, que estava ali há apenas quatro anos e exercia a mesma função, havia sido promovido e recebido um aumento salarial significativo. A notícia caiu como um balde de água fria. Ele se sentiu injustiçado.

Tomado pela indignação, resolveu procurar o diretor da empresa, Dr. Carlos, para entender o porquê daquilo.

Dr. Carlos o ouviu pacientemente, sem interromper, mas, ao final da queixa, não ofereceu justificativas ou explicações diretas. Em vez disso, pediu um favor:

— Marcos, amanhã teremos um café da manhã especial na empresa, com o tema de "Frutas Vermelhas". Você pode ir até a feira ali na frente e ver o preço dos morangos para mim?

Ainda contrariado, mas querendo mostrar serviço, Marcos foi até a barraca e voltou rapidamente.

— Doutor, a caixinha com uma dúzia de morangos custa R$ 5,00.

— E se eu quiser comprar vinte caixinhas? Ele oferece algum desconto? — perguntou Dr. Carlos.

Sem esconder sua frustração, Marcos voltou até o vendedor e perguntou sobre as 20 caixinhas.

Ao retornar, respondeu diretamente:

— Ele disse que pode dar 10% de desconto.

Dr. Carlos agradeceu, mas insistiu:

— E se eu quiser comprar toda a carga de morangos que ele tem? Qual seria o valor por caixa?

Agora, Marcos quase perdeu a paciência. Não era possível que o diretor não tivesse perguntado tudo de uma vez! Mas, mesmo contrariado, voltou ao feirante, pegou a informação e retornou:

— Se você comprar tudo, ele faz por R$ 4,20 cada caixa.

Dr. Carlos sorriu, agradeceu e pediu que Marcos aguardasse um pouco. Pelo interfone, chamou Roberto, o funcionário recém-promovido.

Roberto entrou com energia, sorridente:

— Bom dia, Dr. Carlos! Em que posso ajudar?

O diretor fez a mesma solicitação:

— Você poderia ir até a feira e verificar o preço dos morangos para mim?

— Claro! — respondeu Roberto prontamente e saiu.

Poucos minutos depois, ele retornou trazendo consigo meia dúzia de morangos e um olhar entusiasmado.

— Doutor, a caixinha custa R$ 5,00. Se o senhor comprar vinte, ele dá um desconto e vende a R$ 4,50. Mas, se levar todo o estoque, ele reduz para R$ 3,80. Como percebi que o senhor gosta de bons negócios, negociei um pouco mais, e ele aceitou vender por R$ 3,20 se o pagamento for à vista.

Fez uma pausa e continuou:

— Ah, e tem mais! Perguntei sobre a qualidade dos morangos e o vendedor me deu esta amostra grátis para o senhor avaliar antes da compra.

Dr. Carlos agradeceu e dispensou Roberto. Então, olhou para Marcos e perguntou com calma:

— O que mesmo você queria saber, Marcos?

O silêncio tomou conta do ambiente. Marcos não precisou de mais explicações. A resposta estava ali, clara como o dia.

Ele saiu da sala, não mais frustrado, mas reflexivo. Compreendeu, naquele momento, que não se trata somente de quanto tempo se dedica a algo, mas de como se dedica. O sucesso não vem apenas pela antiguidade, mas pela iniciativa, pelo olhar atento, pela disposição de ir além.

E naquele instante, Marcos decidiu que era hora de mudar. Não apenas para ser promovido, mas para ser uma pessoa melhor. Para enxergar oportunidades onde antes via somente obrigações. Para crescer, evoluir e fazer a diferença.

Essa reflexão apresenta as diferenças de mentalidade e comportamento de quem escolhe viver na mediocridade, comparado às pessoas que agem com propósito e determinação. Percebe o quanto a mentalidade que você tem na sua vida influência todas as suas ações e como consequência o seu destino?

Muitas pessoas acreditam que somente o tempo de serviço ou a dedicação às tarefas básicas são suficientes para garantir reconhecimento e crescimento profissional. No entanto, a história mostra que o verdadeiro diferencial está na atitude, na capacidade de enxergar além do óbvio e na vontade de agregar valor.

Algumas pessoas fazem apenas o mínimo necessário para cumprir suas obrigações, enquanto outras encaram a vida com entusiasmo, vontade de agregar valor, foco, metas claras e o desejo de crescimento. A pergunta é: **em qual desses perfis você se encaixa?**

Marcos trabalhou por muitos anos, mas sua abordagem era passiva. Ele fazia o que lhe pediam, sem buscar entender melhor as necessidades da empresa ou pensar em alternativas. Já Roberto demonstrou iniciativa, negociação e pensamento estratégico.

Marcos somente seguiu ordens. Roberto, por outro lado, se antecipou, analisou a situação e trouxe soluções antes mesmo de ser questionado. Ele não apenas respondeu às perguntas, mas ofereceu algo a mais — o que o fez se destacar.

A reflexão que trago neste capítulo é relevante, uma vez que há uma grande quantidade de pessoas com grande potencial que estão vivendo abaixo do seu valor de mercado. Devido à influência da circunstância, estão vivendo como Marcos, que não demonstra a sua excelência e não vivencia o seu verdadeiro valor. Faz o mínimo e vive da mesma maneira, e com o passar do tempo vai se tornando uma pessoa cada vez mais frustrada com a vida.

Como você tem trabalhado para conquistar os seus objetivos? Qual a sua postura em relação aos seus compromissos e obrigações? De que maneira você agrega valor nos ambientes com os quais convive? Qual é a impressão que você causa nas pessoas? Como está a sua reputação? Suas atitudes são mais parecidas com a do Marcos ou a do Roberto?

Qual o seu valor?

No seu ambiente de trabalho, nas responsabilidades que você assumiu, na sua família, o quanto você tem feito o seu melhor e se esforçado para continuar se desenvolvendo?

Estou fazendo essa pergunta com a finalidade de você avaliar o seu valor de mercado.

Quanto vale investir em você?

Os seus ganhos nos últimos meses foram compatíveis com o que você produziu? Investir no seu talento deu lucro ou prejuízo para o investidor?

O quanto de fato você agregou para o crescimento da sua empresa e desenvolvimento das pessoas que trabalham com você?

Mediante os problemas, você tem iniciativa de solucioná-los, ou você espera a solução vir de outra pessoa?

Sobre a sua valorização no mercado, o quanto você fez questão de investir seu dinheiro no seu desenvolvimento pessoal e profissional, no último ano? Em quantos cursos, palestras, mentorias você participou nesse período? Quantos livros você leu?

Todas às vezes que fiz essas perguntas para um colaborador que estava desmotivado, nos lugares por onde passei, empresa, cursos, palestras e mentorias que já ministrei; a grande maioria respondia que não investia em si por falta de tempo e dinheiro, sempre de alguma forma terceirizando para os outros (chefe ou empresa) a responsabilidade do seu próprio desenvolvimento.

A grande questão é que, quando não investimos em nós mesmos, começamos a perder o valor de mercado. Começamos a criar uma mentalidade de escassez e frustração e, por um tempo, a empresa em que trabalhamos vai arcar com o prejuízo de manter um profissional desmotivado. No entanto, o maior dano é para a pessoa, que terá que conviver com a frustração pelo resto da vida, tendo que aceitar o primeiro emprego que surgir para se manter, devido à falta de investimento e amor-próprio consigo mesma.

Não existe remédio para a falta de ambição — a pessoa que não tem o desejo de se desenvolver jamais vai alcançar o pódio. A alta performance começa com a sua mentalidade e postura no dia a dia.

Para eu alcançar os resultados que tive na vida, por muito tempo eu investia o mínimo de trinta, quarenta por cento do que eu ganhava em livros, cursos e mentorias.

A maioria das pessoas não consegue assumir o compromisso consigo mesmo de se dedicar um tempo para aumentar o seu valor de mercado, mesmo o maior beneficiário sendo ela mesmo.

Mas voltando àquela pergunta: **Qual o seu valor?**

A maioria das pessoas deseja crescer, ser melhor remunerada e conquistar bens materiais. Mas, quando confrontadas com essas questões, a grande maioria fica sem respostas: não estuda fora do seu trabalho, não busca novos conhecimentos e sempre tem algum motivo novo para reclamar da sua empresa. Como consequência desse comportamento, ficam estagnadas. Geralmente, os que mais reclamam são os que menos fazem.

Pessoas que agregam valor têm algumas características que as diferenciam de pessoas que não agregam valor:

- ➜ Sabem a importância e o valor de um cliente para a empresa;
- ➜ Estão atentos com a aparência, sabem como se vestir conforme o ambiente corporativo;
- ➜ Sabem a importância dos setores de uma organização e conseguem ter empatia para trabalhar em equipe;
- ➜ Sabem lidar com as situações de pressão, sem perder o respeito e a cordialidade com outras pessoas;
- ➜ Estão atentas ao ritmo, metas e prazos da empresa;
- ➜ Não são profissionais inconvenientes, sabem a importância de se preparar para determinados assuntos e não ficam opinando sem terem bases concretas;
- ➜ Mesmo estando como funcionários, buscam entender a visão como se fossem os donos e responsáveis pela empresa.

Pessoas que fazem somente a sua obrigação e encaram o trabalho como um emprego e não como um projeto que pode alavancar a sua vida, não são atentas a esses detalhes, que criam uma grande diferença no impacto positivo e valor de cada profissional.

Antes de fundar a Newcastle, trabalhei por quase seis anos em uma grande rede de escolas de idiomas e tive a oportunidade de aprender desde a mentalidade até o conhecimento técnico com os grandes líderes que tive. Foi a melhor faculdade de empreendedorismo, na prática, que eu poderia fazer, e ainda o melhor, eu recebia um valor de salário todos os meses para estar vivendo aquele propósito.

Muitas pessoas, ao chegarem no domingo à noite, já estão desesperadas ao perceber que o final de semana está acabando e que a segunda está próxima; encaram o seu trabalho como se fosse uma obrigação de sobrevivência. De todo coração, e me perdoem por escrever isso, mas vejo que esta é a maneira mais pobre de se levar a vida.

O seu pior inimigo é você mesmo, e ele nasce do medo que tem de encarar a própria vida. Não se deixe abater pela negatividade, atraia o bem e a vida te aproximará da vitória. Tenha força de espírito e nunca desista dos seus planos, as frustrações acontecem para te fortalecer, deixe o medo para trás e supere seus próprios limites.

Você não é aquilo que você acha que é; você não é aquilo que as pessoas falam que você é; você é o resultado das atitudes e comportamentos.

Lembre-se de que, se você não fizer questão de mostrar o seu valor, outras pessoas não vão fazer isso por você.

> "O valor de um profissional não está apenas no que ele sabe, mas no que ele faz com esse conhecimento. Cristiano Ronaldo não nasceu o melhor jogador do mundo, mas sua dedicação incansável o levou ao topo. Seu valor no mercado será sempre proporcional ao esforço que você dedica ao seu crescimento."

NÃO SE DEIXE ABATER PELA NEGATIVIDADE.

LEAL
DADE

03

Durante uma batalha intensa na guerra, um soldado *pediu permissão ao seu comandante para voltar ao campo de combate e resgatar seu amigo ferido. O comandante, olhando para a situação perigosa, disse:*

— Não vale a pena! O soldado provavelmente já está morto, e você só vai arriscar sua vida à toa e prejudicar a todos nós, pois em vez de perder um soldado, nós iremos perder os dois.

Mas o soldado, com o coração aflito, preocupado com o amigo que estava sozinho e ferido, desobedeceu à ordem do comandante e correu em meio ao fogo cruzado.

Algum tempo depois, ele retornou arrastando o corpo do amigo, mas já era tarde: o amigo estava morto e ele havia sido gravemente ferido.

O comandante, triste e muito nervoso, gritou:

— Eu lhe disse que não valia a pena! Agora você está ferido e o seu amigo já está morto.

O soldado, com um último fôlego, respondeu:

— Valeu a pena, senhor! Quando o encontrei, ele ainda estava vivo, e antes de morrer, ele me olhou nos olhos e disse: ***"Eu sabia que você viria".***

Em momentos bons, em momentos de comemorações, as pessoas ficam felizes em estarem juntas; é fácil ser feliz quando os resultados estão acontecendo, mas é na adversidade que a lealdade entre as pessoas é posta à prova.

Se, diante das dificuldades da vida, você consegue enfrentar os desafios sem comprometer seus valores, parabéns, você é alguém de caráter, que entendeu o verdadeiro significado da integridade.

Agora, quero te convidar a refletir sobre duas perguntas:

- ➜ **Você já confiou plenamente em alguém e, diante de uma adversidade, essa pessoa se voltou contra você, te difamando ou agindo deslealmente?**
- ➜ **E você, já fez isso com alguém?**

Se alguma dessas respostas foi "sim", o que compartilho a seguir pode ser transformador para você.

Se você deseja transmitir segurança e confiança, o primeiro passo é manter seus valores intactos, independentemente do que sentir por outra pessoa.

Se alguém confiou em você, não desonre essa confiança apenas porque está magoado. Como você honra sua palavra, diz tudo sobre o seu caráter.

No ambiente corporativo, um grupo sem propósito e sem um objetivo em comum não passa de um amontoado de pessoas dividindo o mesmo espaço. Para construir um time vencedor, é preciso ter pilares sólidos baseados em ética, caráter e lealdade. Como disse Reed Hastings, CEO da Netflix: *"Não tolere canalhas brilhantes. O custo para a equipe é alto demais."*

Quando fui gerente de vendas, aprendi que a lealdade de um colaborador se revela nos momentos em que ele pode tirar vantagem da situação. Um dos exemplos mais comuns era quando um vendedor tentava pegar a venda de outro. Pessoas com esse tipo de comportamento, mais cedo ou mais tarde, vão te trair. Afinal, elas querem levar o mérito pelo que não fizeram.

Esse tipo de atitude não só prejudica o próprio profissional — porque a máscara sempre cai — mas também desgasta o time e gera um ambiente tóxico. E um líder nunca pode ser omisso diante disso.

Prefiro aqueles que sabem perder com honestidade aos que querem vencer a qualquer custo, sem princípios, ética ou valores.

A incapacidade de aplaudir a conquista do outro é um sinal de imaturidade e, muitas vezes, da falta de lealdade. Uma pessoa que mente para se destacar profissionalmente pode até sustentar essa farsa por um tempo, mas não a longo prazo. Mais cedo ou mais tarde, a verdade aparece, porque o comportamento real não acompanha a ilusão que ela criou.

Muita gente elogia a empresa quando está em alta, mas, quando passa por um momento difícil, começa a criticar tudo e todos. São bajuladores na glória e os primeiros a atacar nas adversidades.

Pessoas desleais sempre encontram uma justificativa para suas ações. Elas esquecem facilmente tudo de bom que alguém já fez por elas.

Em diversos momentos da minha carreira, vi profissionais em ascensão sendo atacados por colegas que não estavam indo tão bem. Em vez de se inspirarem no sucesso alheio, tentavam diminuí-los. Esse comportamento sempre me chamou atenção, porque quem age assim normalmente é invejoso, egoísta e desleal.

São pessoas que não estão dispostas a pagar o preço do sucesso, mas que, ao verem alguém conquistando resultados, preferem sabotar ou desmerecer o esforço do outro.

Não caia nesse jogo. Isso só vai atrasar o seu desenvolvimento.

Ao invés de criticar, aprenda com quem já chegou lá. Existe um conceito chamado **modelagem**, que consiste em se inspirar em quem faz bem feito. Falamos muito sobre ética, integridade e honestidade, mas essas qualidades só se consolidam na prática, por meio da lealdade.

Não se deixe levar por fofocas ou suposições sem antes buscar a verdade. É possível manipular situações para distorcer a realidade. Isso acontece o tempo todo: no trabalho, nas amizades, nos negócios.

Por isso, mais do que nunca, precisamos ser leais. Leais a quem somos, aos nossos valores e às pessoas que confiam em nós.

Existe um vídeo[1] produzido na Espanha sobre o poder de manipular situações para descaracterizar a verdade e, quando isso ocorre em um ambiente corporativo ou em um grupo de pessoas que trabalham pelo mesmo objetivo, as divergências começam a nascer.

No vídeo citado, uma professora estava na sala de aula com seus alunos universitários e começaram a fazer uma pegadinha com os alunos que estavam chegando atrasados na aula.

Todos os alunos estavam com uma pasta verde, mas a professora combinou que quando um aluno atrasado entrasse na aula, ela iria perguntar para a classe qual era a cor daquela pasta e todos teriam que responder vermelho e depois que a maioria respondesse à pergunta ela faria a mesma pergunta para o aluno atrasado, para avaliar se ele responderia corretamente, ou se responderia conforme a influência que estava recebendo.

À medida que os alunos atrasados chegavam, a professora aplicava este teste e, em geral, a resposta era de vermelho em vez de verde.

Ou seja, os alunos olhavam a pasta verde e mesmo assim responderam vermelho, deixando-se influenciar pelo ambiente.

Adquira a capacidade de selecionar muito bem as pessoas que vão estar com você. As maiores alegrias e as maiores decepções que tive na minha profissão foram por causa de pessoas. É muito bom ver um profissional trabalhador e honesto sendo reconhecido ou recebendo uma promoção. É a semente do bem que transforma

---

[1] EFIVEST. **De que cor é essa pasta?** YouTube, 2023. Cena da série Merlí (Netflix). Disponível em: <https://www.youtube.com/watch?v=HxxmjqhnYsg>. Acesso em: 27 abr. 2025.

o mundo e multiplica a cultura, mas é horrível e decepcionante ver um ímpio, ladrão e traiçoeiro ter sucesso na jornada, pois você consegue enxergar muita lama nesse caminho. E esses são os mais incrédulos na hora de contaminar e destruir um ambiente ou projeto. Um grande princípio que carrego comigo é que, em cargos de liderança, antes de avaliar se o profissional é bom, eu verifico se é leal, pois um líder desleal assassina a sua empresa. Na liderança, sempre coloque pessoas da sua confiança, com os mesmos princípios e valores em que você acredita, e transforme essa pessoa em um bom profissional.

Uma pessoa leal, com consciência de suas origens, não se deixa influenciar pelo ambiente externo a ponto de agir contra seus próprios princípios. Ela entende que um aperto de mão ainda deve valer mais do que uma assinatura, mesmo que, no mundo dos negócios, isso pareça ingenuidade.

Ela nunca esquece quem esteve ao seu lado nos momentos difíceis, enquanto outros viraram as costas. Sabe que sua verdadeira história é escrita por meio de atitudes e comportamentos íntegros. Compreende que valores pessoais não estão à venda e a pior conquista é aquela alcançada às custas de puxar o tapete de outra pessoa. Porque, ao longo do tempo, isso trará mais infelicidade e energia negativa do que qualquer benefício real.

Seja humilde para reconhecer seus erros, inteligente para aprender com eles e sábio para corrigi-los, sem jamais comprometer sua ética.

Demonstre, todos os dias, que sua palavra tem valor. E se, em algum momento, for preciso mudar de decisão, mude. Mas faça isso com dignidade. A vida exige, sim, mudanças de rota. Apenas nunca desonre a confiança que alguém depositou em você.

Os amigos que defendem seu nome quando você não está por perto são os mais leais que você pode ter, pois o mundo está cheio de pessoas que não torcem por você. Em uma época de mentiras universais, pessoas leais são um diamante raro de encontrar.

SEJA ESSE DIAMANTE.

“A lealdade em um time não se mede apenas por palavras, mas pelo comprometimento diário. Michael Jordan sempre destacava que seu sucesso não vinha só do talento, mas da dedicação inabalável ao time. Quando cada membro se entrega de verdade a um projeto, o valor do todo se multiplica.”

”

A SUA PALAVRA VALE MAIS DO QUE QUALQUER CONTRATO.

04

Havia um jovem boxeador que sonhava em ser campeão, mas toda vez que subia no ringue, ele hesitava. O medo de levar golpes, de se machucar e até de perder o paralisava. Seu treinador, um ex-campeão, observava isso e, um dia, levou o jovem para uma conversa séria.

— Você quer ser campeão, mas tem medo de apanhar. Acha que existe algum lutador que nunca levou um soco?

O jovem abaixou a cabeça, envergonhado.

O treinador continuou: — Venha comigo.

Ele o levou para um ringue vazio, colocou as luvas no jovem e disse:

— Agora, lute contra o vento.

O jovem, sem entender, começou a golpear o ar. Sentiu-se forte, ágil, rápido. Não havia resistência, não havia dor. Apenas ele e seus golpes no vazio.

Depois de alguns minutos, o treinador sorriu e perguntou:

— E então? Ganhou a luta?

O jovem franziu a testa.

— Claro que não, eu só estava golpeando o nada!

O treinador assentiu e disse:

— Exatamente. A vida é assim. Se você nunca entrar no ringue de verdade, nunca vai apanhar, mas também nunca vai vencer. O medo dos golpes te impede de lutar, mas é só na luta que você pode se tornar campeão.

Aquelas palavras ficaram na mente do jovem. No dia seguinte, ele subiu no ringue sem hesitar. Levou golpes, caiu algumas vezes, mas também acertou seus socos. Com o tempo, aprendeu a se defender, a atacar e, principalmente, a continuar em pé.

Anos depois, ele se tornou campeão e, ao erguer o cinturão, lembrou-se do que havia aprendido com o treinador: **a única maneira de vencer é entrar no ringue e lutar**.

Coragem é a capacidade de agir apesar do medo, do temor e da intimidação. Deve-se notar que coragem não significa a ausência do medo, e sim a ação apesar dele. O contrário da coragem é tido normalmente como covardia. O homem que enfrenta o seu temor motiva-se a ir mais além. Liderança sem coragem leva qualquer projeto à ruína, e toda pessoa da história da humanidade que realizou algo grande teve que enfrentar muitas adversidades. A coragem foi determinante em suas realizações.

Nenhum obstáculo será grande, se a sua vontade de vencer for maior. Vitória sem luta é triunfo sem glória. Na vida, a vitória só é alcançada por aqueles que não ficam imobilizados por medo da derrota. Os dias são batalhas em que a vitória só vai depender do seu foco, da sua força e da sua fé.

Uma vez aprendi que, sempre que sentir medo diante das adversidades, esse é o momento exato para aumentar sua fé, sua determinação e se dedicar ainda mais.

Quantas vezes você já teve uma ideia ou um sonho que te empolgou, mas, ao compartilhar com pessoas próximas, recebeu uma enxurrada de críticas e opiniões contrárias? *Como reagiu a isso?*

Pessoas bem-sucedidas são aquelas que, em algum momento da vida, tiveram que escolher entre a coragem e a covardia. Elas decidiram acreditar no invisível, enquanto outros ficavam paralisados pelo medo.

Não adianta passar horas planejando um projeto perfeito no papel se você não tiver coragem para assumir riscos e colocá-lo em prática. Ideias brilhantes sem ação são como livros fechados — não servem para nada. Muitas pessoas deixam seus sonhos de lado porque enxergam somente os obstáculos, quando, na verdade, cada desafio é uma oportunidade de crescimento.

Se o medo for maior que o seu sonho, ele já venceu antes mesmo de você tentar.

Claro que empreender exige planejamento, mas não existe condição perfeita para começar. Você cria as condições conforme avança. O segredo é iniciar, ajustar o caminho e seguir em frente.

Uma ilusão que muita gente repete: "Vai dar tudo certo." Mas essa frase não reflete a realidade. Nem tudo vai sair como planejado, especialmente quando o seu propósito é grande. Sempre haverá imprevistos, erros e recomeços. No papel, tudo parece simples, mas, na prática, o "otimismo vazio" pode ser um dos maiores sabotadores do progresso. Em vez disso, adote uma postura firme e repita para si mesmo:

➜ **"Vou fazer o que for necessário, quantas vezes for preciso, até funcionar."**

➜ **"Vou buscar o conhecimento que me falta, até alcançar o que desejo."**

➜ **"Vou me reerguer todas as vezes que a vida me derrubar, sem desistir."**

Porque viver com propósito exige mais que esperança: exige coragem para continuar mesmo quando nada parece estar dando certo.

Quando iniciei a Newcastle Idiomas, eu procurava um sócio porque não tinha capital suficiente para inaugurar a escola do jeito que eu sonhava ou imagina como ideal. Recebi algumas propostas, mas, no fundo, não eram sociedades, e sim empréstimos disfarçados. Se o projeto falhasse, eu teria que devolver o dinheiro. Mesmo precisando do investimento, recusei todas as ofertas, pois, além de eu colocar o dinheiro referente à minha parte, eu iria trabalhar (como trabalhei) todos os dias de "graça", e incansavelmente para fazer o projeto acontecer. No empreendedorismo não existem garantias de resultados — há somente o trabalho duro, comprometimento e a disposição para correr riscos.

Hoje, a Newcastle Idiomas é a marca mais bem avaliada da região, com mais de 50 mil alunos matriculados ao longo dos anos. Mas essa jornada me ensinou que coragem é um pré-requisito para qualquer grande projeto. As adversidades despertam habilidades que, em tempos fáceis, ficariam adormecidas.

Mesmo após anos, o medo do fracasso ainda me acompanhava. A pandemia de COVID-19 trouxe novos desafios, e a coragem voltou a ser indispensável. Seguir em frente, apesar do medo, é o que nos mantém vivos na batalha.

O medo do fracasso faz parte de qualquer tentativa de algo novo. Mas se você tiver disposição e coragem, entenderá que fracassar não é o fim — é parte do processo de crescimento.

Nossos medos não podem nos impedir de alcançarmos os nossos sonhos e concluir os nossos projetos. Superar os medos faz de nós grandes vencedores, mesmo que a luta não tenha acabado. Acredite, é possível conquistar o melhor que há dentro de você apenas superando seus maiores temores.

Não arrume desculpas para desistir. Não se esconda atrás dos seus medos, eles não podem ser maiores que a sua força de vontade. Gigante de verdade é você, que já enfrentou tantos problemas na vida e ainda está de pé. Não tema o futuro, ele pode não ser só flores, mas te trará um jardim repleto de alegria.

Se você tem uma ideia que te faz vibrar, que te dá frio na barriga e te enche de motivação, se entregue a ela. Correr riscos faz parte do jogo. Em quinze anos de empreendedorismo, cometi erros caros, tanto financeiramente quanto emocionalmente. Mas sempre encontrei maneiras de me reerguer. Quando você tem um propósito, Deus manda os recursos.

Afaste-se de pessoas negativas. Saiba conviver com elas se necessário, mas não empreste seus ouvidos para energias ruins. Procure aqueles que compartilham do seu sonho, que mergulham de verdade no propósito e encaram os desafios ao seu lado.

Se você tem medo de perder, nunca terá a mentalidade e a coragem necessárias para vencer.

Aprenda a diferença entre quem te apoia e quem se apoia em você. Sonhos esquecidos no papel são apenas ilusões. O tempo não espera ninguém. Como você tem usado o banco de horas da sua vida? Suas ações acompanham o relógio ou estão paradas enquanto ele continua girando?

Pessoas corajosas acreditam na sua visão de futuro, sabem que as dificuldades são temporárias e não deixam que seus medos desviem seus objetivos. Toda pessoa corajosa é persistente. Toda pessoa persistente é movida por um propósito.

Um dos maiores aprendizados que uma criança pode nos ensinar é a inocência de acreditar. Um dos maiores erros que um adulto pode cometer é perder essa capacidade.

No começo da minha jornada, trabalhei como vendedor de cursos de inglês, apenas por comissão, sem salário fixo ou vale-transporte. Muitos não entendiam por que eu passava 12 horas por dia naquela empresa. Mas o que eles não viam era o impacto que meus mentores tiveram na minha vida.

Eles me ensinaram a acreditar no poder do planejamento, da autoconfiança e da mentalidade de crescimento. Ali, aprendi que o impossível só existe até que alguém tenha coragem de prová-lo errado.

Críticas sempre existirão. Algumas virão de pessoas que querem te proteger, outras de quem se incomoda com o seu crescimento. Mas nenhuma crítica tem o poder de destruir seu sonho — só você pode permitir que isso aconteça.

Aceite *feedbacks*, ajuste sua rota, mas nunca se deixe contaminar por aqueles que querem te afastar do seu propósito. Pessoas com um propósito definido blindam sua mentalidade e focam em um objetivo por vez.

Para desfrutar de momentos de glória no futuro, é importante decidir no presente.

> "Coragem é dar o primeiro passo mesmo sem garantias. Quando Jeff Bezos largou um emprego estável para fundar a Amazon, ele não tinha certezas, apenas a convicção de que o risco valia a pena. O sucesso sempre pertence aos que se atrevem a sair da zona de conforto."

As pessoas mais bem-sucedidas que conheci tiveram uma característica em comum: *coragem* e *disposição* sempre foram maiores do que as objeções. Elas aprenderam a lidar com críticas e fracassos, tendo em mente que estas são somente fases temporárias.

Se você sabe o seu valor, se acredita no seu potencial, nada pode impedir suas conquistas. Não importa quantos "nãos" você ouvir, basta um "sim" para mudar tudo.

Pessoas corajosas não se desmotivam com qualquer obstáculo. Elas trabalham pelos resultados, não pela carga horária. São comprometidas com sua visão de futuro e, nos momentos mais difíceis, assumem o protagonismo da própria história. São tão comprometidas que, nos momentos mais difíceis, se tornam protagonistas, mostrando o tamanho da sua persistência. Podem até ser taxadas de "loucas" por exalarem a sua paixão, mas, como diz a canção:

> "Mas pra quem tem pensamento forte, o impossível é só questão de opinião. E disso os loucos sabem, só os loucos sabem."
>
> **— Charlie Brown Jr., Só os Loucos Sabem**

A ÚNICA MANEIRA DE VENCER É ENTRAR NO RINGUE E LUTAR.

TRANS FOR MAÇÃO

05

A PARÁBOLA DO CASULO E DA BORBOLETA

C**onta-se que, um dia, uma pequena abertura apareceu** *num casulo. Um homem assentou-se e observou a borboleta por várias horas enquanto ele se esforçava para fazer com que seu corpo passasse através daquela pequena abertura.*

Em dado momento, ele teve a impressão de que a borboleta havia parado de fazer qualquer esforço.

Parecia que ela tinha ido mais longe do que podia e não conseguiria ir mais além.

Então, o homem decidiu ajudá-la. Ele pegou uma tesoura e cortou o restante do casulo.

A borboleta saiu facilmente.

Porém, seu corpo estava murcho e pequeno, e as suas asas estavam amassadas.

O homem continuou a observá-la, esperando que, a qualquer momento, as asas dela se abrissem e ela pudesse voar, mas isso nunca aconteceu.

Na verdade, a borboleta passou o resto de sua vida rastejando com um corpo murcho e as asas encolhidas.

O que aquele homem não sabia era que o casulo apertado e o esforço necessário para passar através da abertura eram o modo pelo qual Deus fazia com que o fluido do corpo da borboleta fosse para as suas asas, de forma que ela estaria pronta para voar assim que saísse do casulo.

Algumas vezes, o esforço é justamente o que precisamos em nossa vida. Quando tentamos "ajudar" a Deus, acabamos interrompendo o ciclo que ele estabeleceu para o nosso crescimento. Acabamos atrapalhando o projeto de Deus para as nossas vidas. Pular etapas para evitar a dor de um processo de desenvolvimento só vai fazer com que você não evolua — momentos difíceis existem para valorizarmos os momentos fáceis.

A vida não é sobre metas, conquistas e linha de chegada, é sobre quem você se torna, nesta caminhada.

A frase acima descreve muito bem o processo de transformação que acontece com a pessoa que encontra o seu propósito; que se dispõe a fazer algo que está no seu coração e se desapegar de velhos hábitos, para viver uma vida nova.

Quando você conquista um objetivo que exigiu escolhas difíceis e enfrentou desafios de frente para sustentá-las, algo poderoso acontece: *você evolui e se torna um ser humano melhor*. As melhores conquistas não são aquelas que nos trazem resultados, mas sim aquelas que nos transformam internamente — mudando nossa visão, nossos sentimentos e quebrando crenças limitantes que antes nos impediam de crescer.

Este livro pode servir como uma ferramenta para você refletir sobre o que realmente fez sentido em sua jornada até aqui. Mas a reflexão por si só não basta. A verdadeira transformação só começa quando você decide agir. A teoria pode te orientar, mas é somente, na prática, que sua evolução se torna real.

O objetivo aqui não é falar sobre conquistas materiais, mas sim enfatizar que o SER sempre vem antes do TER, caso contrário, essa conta não fecha. O TER jamais terá mais valor do que o SER. Quem já se desenvolveu e encontrou seu propósito entende que o caminho da transformação não tem atalhos.

Na Newcastle, realizamos convenções anuais para reconhecer e premiar os profissionais que mais se destacaram no período. Esse momento não se resume a troféus e promoções — é uma celebração da persistência, da superação e do compromisso com os resultados. Muitas vezes, os que sobem ao palco para receber um prêmio não são os mais talentosos, mas sim os mais resilientes. A força de vontade quase sempre supera a técnica, e cada convenção nos proporciona histórias inspiradoras de pessoas que deram o seu melhor, mesmo diante de recursos limitados ou desafios pessoais.

No momento do discurso, a maioria desses profissionais relembra todo o caminho percorrido e os obstáculos superados. E a maior lição que tiramos desses momentos é clara: quando temos um compromisso real com nossos sonhos e nos preparamos para conquistá-los, mais cedo ou mais tarde, a vitória chega. A autoconfiança que essas pessoas transmitem é algo transformador.

Muitos familiares já me agradeceram pelas mudanças positivas que nossa empresa trouxe para a vida de seus entes queridos; não apenas como um plano de carreira, mas como um verdadeiro projeto de vida. E todos sabem que os resultados só acontecem quando há disciplina, mentalidade positiva e atitudes vencedoras. Os valores que cultivamos na empresa não ficam somente no ambiente profissional, eles se estendem para todas as áreas da vida. Não à toa, temos casos reais de pessoas que começaram como funcionários e hoje são sócios de unidades da marca.

A partir do momento em que a sua mente se expande, não haverá retrocessos; novas crises surgirão, mas a sua visão, o tamanho da mentalidade que construiu, não diminuirá com as dificuldades, pois a mudança é constante e, quanto maior a dificuldade, melhor para você. O maior e melhor investimento que o ser humano pode fazer é investir no seu próprio conhecimento.

Pessoas e Diamantes são lapidadas quando estão sob pressão.

Quando estiver em um momento de fortalecimento, quando se sentir pressionado, esmagado e sem esperança, ou você desiste ou se coloca em um lugar poderoso que se chama “transformação”. Pois, inevitavelmente, para superar essas situações, é necessário romper com a zona de conforto e não aceitar a realidade que está vivendo. Aprenda com esse momento, pois ele tem o poder de evoluir para a sua melhor versão.

A dor da transformação pode ser intensa, mas traz consigo um presente inestimável: a sua melhor versão.

Como diz no texto abaixo:

> Não podemos querer que as coisas mudem, se sempre fazemos o mesmo. A crise é a maior benção que pode acontecer às pessoas e aos países, pois a crise cria o progresso. A criatividade nasce da angústia, assim como o dia nasce da noite escura. É na crise que nascem as invenções, os descobrimentos e as grandes estratégias.
>
> Quem supera a crise consegue superar a si mesmo; quem atribui à crise seus fracassos e penúrias, violenta seu próprio talento e respeita mais os problemas que as soluções. A verdadeira crise é a crise da incompetência. O inconveniente das pessoas e dos países, é a dificuldade para encontrar as saídas e as soluções. Sem crises, não há desafios, sem desafios a vida é uma rotina, uma lenta agonia.
>
> Sem crises, não há méritos. É na crise que aflora o melhor de cada um, porque sem crise, todo vento é uma carícia. Falar da crise é promovê-la e calar-se na crise é exaltar o conformismo. Em vez disto, trabalhemos duro, acabemos de uma vez, com a única crise ameaçadora, que é a tragédia de não querer lutar para superá-la.
>
> **— Albert Einstein**

A crise tem um poder transformador. Quando você olha pelo retrovisor e percebe quantas batalhas já venceu ao longo do caminho, consegue enxergar o quanto evoluiu e se tornou uma versão melhor de si mesmo.

Seu futuro não é determinado pelas suas condições, mas sim pelas suas decisões.

Quem só quer ouvir o que é confortável perde a oportunidade de questionar suas próprias convicções, explorar novos pontos de vista e iniciar as mudanças que o fariam crescer. Encarar os desafios, em vez de vê-los como fardos, faz com que a vida se torne mais leve e mais fácil do que parece. É praticamente certo que a pessoa que fala constantemente de pensamentos negativos vai sentir os resultados dessas palavras. E o mesmo vale para pensamentos positivos

Não é a opinião dos outros sobre o sucesso que deve te definir. É você quem deve decidir o que significa sucesso para sua vida e ter a determinação para conquistá-lo.

O homem íntegro prefere andar a pé, do que indevidamente numa Ferrari.

Durante o processo de transformação, você percebe que sua mentalidade é seu maior patrimônio. E como tudo que tem valor duradouro, ela precisa ser cultivada diariamente.

A diferença entre o impossível e o possível está na sua determinação.

Desfrute intensamente cada momento da sua vida. As maiores lições vêm quando nos permitimos vivê-las plenamente. Não temos garantias sobre o amanhã, mas enquanto estivermos vivos e com esperança, teremos possibilidades e oportunidades.

Aprenda a evoluir em cada fase da sua jornada. As grandes transformações acontecem de dentro para fora. As borboletas nos ensinam que a vida se torna mais bela quando nos permitimos mudar. Em determinados momentos, são nossas atitudes que determinam se vamos voar ou continuar nos arrastando.

As falhas fazem parte do processo de crescimento. Mas não ter disposição para corrigi-las é a pior falha que alguém pode cometer.

Muhammad Ali dizia: *"Um homem que vê o mundo aos 50 da mesma forma que via aos 20 desperdiçou 30 anos de vida."* Crescer exige transformação.

”

PESSOAS
E DIAMANTES
SÃO LAPIDADAS
QUANDO ESTÃO
SOB PRESSÃO.

SUPERAÇÃO

06

Era uma vez, um jovem que sonhava em ser um grande *empreendedor. Desde pequeno, admirava aqueles que criavam negócios prósperos e transformavam suas ideias em realidade. No entanto, a vida lhe impôs muitos desafios. Sem recursos financeiros, sem experiência e cercado por dúvidas, ele enfrentava dificuldades para dar o primeiro passo.*

Um dia, ele procurou um mentor, um senhor sábio com vasta experiência no empreendedorismo, que havia construído sua própria fortuna com esforço e dedicação.

— Empreender parece tão difícil. Como alguém como eu pode superar tantos obstáculos? — perguntou o jovem.

O mentor sorriu e respondeu:

— Meu jovem, deixe-me contar uma história. Havia um agricultor que queria plantar um grande carvalho. Ele tinha apenas uma pequena semente e um solo seco. Muitos disseram ser impossível, que levaria tempo demais, que ele nunca veria a árvore crescer. Mas o agricultor não desistiu. Todos os dias, regava a semente, protegia-a do vento e acreditava no seu potencial. Com o tempo, um pequeno broto surgiu. Depois, tornou-se um tronco forte. E anos depois, aquele carvalho dava sombra para toda a vila.

O jovem compreendeu a mensagem. Em vez de se lamentar, decidiu dar o primeiro passo. Começou pequeno, estudando, aprendendo e aplicando seus conhecimentos. Seus primeiros negócios falharam, mas ele persistiu, sempre aprendendo com os erros. Com o tempo, seu esforço foi recompensado. Criou uma empresa próspera, ajudando muitas pessoas e se tornando uma referência em seu setor.

Anos depois, esse jovem cresceu e já estava experiente e agora ele era o mentor; contou essa mesma história para jovens que estavam iniciando suas trajetórias profissionais, ensinando que o sucesso não acontece da noite para o dia. A superação no empreendedorismo e na vida está na persistência, na capacidade de aprender com os desafios e na crença de que cada esforço diário é um passo rumo ao grande carvalho do sucesso.

As dificuldades preparam pessoas comuns para destinos extraordinários.

Ao iniciarmos uma nova jornada, tendemos a enxergar as coisas de uma forma mais complexa, muitas vezes com incertezas, gerando tensão e ansiedade na nossa rotina. No entanto, é nesses momentos que devemos nos desafiar e superar essas dificuldades para alcançarmos o objetivo que desejamos.

Tudo aquilo que no primeiro momento parece difícil, com o tempo, prática e dedicação, tende a se tornar mais fácil; principalmente porque aprendemos a aceitar e enfrentar os nossos medos e, com o passar dos dias, deixam de ser uma ameaça e podem se transformar em uma motivação.

O maior obstáculo na hora da mudança é superar o medo, precisamos estar atentos e aprender a conviver e gerenciá-los, principalmente quando se tratar dos medos invisíveis, aqueles que estão apenas nos nossos pensamentos e que paralisam as nossas ações.

A palavra que tem o poder de edificar o homem é aquela que o confronta, pois é ela que o faz refletir, sair da zona de conforto e tomar uma decisão consciente. Lembro-me de que, ao iniciar o projeto de iniciação ao empreendedorismo, ouvi conselhos de pessoas próximas a mim, e a maioria desses conselhos foram opiniões divergentes daquelas que eu gostaria de ter escutado. E ouvir opiniões contrárias às que gostaríamos é excelente para o amadurecimento de uma ideia. Ouvi muito que o mercado em que eu iria atuar já estava saturado; ouvi que para iniciar um negócio no Brasil a chance de ter sucesso é quase zero, pois todas as leis que existem são para prejudicar o empresário; ouvi que precisaria de muito dinheiro para ter uma empresa estruturada e muitas outras objeções que me fizeram refletir e quase pensar em desistir. Mas, repetindo a famosa frase:

Quando você tem um propósito,
Deus envia os recursos.

O projeto da escola já estava formatado nos meus planos e logo no primeiro mês, praticamente sem nenhuma estrutura, fechamos 84 matrículas. Como existia o medo de dar errado, nessa época, trabalhava quinze horas por dia para fazer a escola acontecer. O maior recurso disponível era a minha disciplina e compromisso com a visão de futuro atraente, cujo objetivo era transformar em realidade.

A grande verdade é que, quando vamos compartilhar sonhos e metas, pessoas racionais sempre são tendenciadas a mostrar mais os pontos negativos do que os positivos e geralmente são esses "realistas" que não agem ou caminham a passos lentos.

Tem uma citação do escritor Augusto Cury, que reflete bem aquele momento:

"Ser empreendedor é executar sonhos, mesmo que haja riscos. É enfrentar os problemas mesmo que não haja forças, é caminhar por lugares desconhecidos, mesmo sem bússola. É tomar atitude que ninguém tomou, é ter consciência de que, quem vence sem obstáculos, triunfa sem glória. É não esperar uma herança, mas construir uma história."

Ser empreendedor não é esperar a felicidade acontecer, mas ir conquistá-la. A mentalidade empreendedora é a mentalidade da **superação**, igual a um atleta que busca bater um recorde e para isso se dedica de uma maneira diferente; o empreendedor não permite conviver com o conformismo, o bom nunca é suficiente por existir o ótimo e assim por diante. São pessoas que estão o tempo todo em movimento e não se conformam com a média. A frase que eu mais ouvia quando iniciei a minha carreira de vendedor era: *"Os urubus voam em bando e a águia voa sozinha"* — e aquilo sempre me remeteu que, para conquistar os objetivos, teria que seguir esse instinto de mentalidade, abastecer a minha fé que alimentava os meus sonhos e seguir em frente.

Aqueles que estão em busca de um objetivo, não devem perder tempo com aqueles que, constantemente, focam em problemas ao invés de soluções.

O que diferencia uma pessoa com a mentalidade de prosperidade e superação dos outros é que, geralmente, conseguem ter pensamentos positivos em situações adversas. São pessoas com a coragem e a determinação necessárias para lidar com a crise e, em certo ponto, usam as dificuldades para se motivar.

O período em que comecei a conviver diariamente com esse sentimento de superação era na época em que eu era vendedor e depois gerente de vendas; pois fazíamos competições semanais para ver quem vendia mais. No início, as competições pareciam causar certo desconforto, uma vez que ninguém queria perder, mas, com o decorrer do tempo, elas despertam o desejo de vitória. A verdade é que, apesar de haver um clima de competição, respeitosamente, sempre havia aqueles profissionais que se destacavam.

Quando você começa a construir resultados que poucos conseguiram fazer e quando você faz isso com constância, as pessoas começam a te admirar mais e a sua palavra tem cada vez mais autoridade. Por isso, sempre falo para os gerentes das minhas empresas que, para ter um time campeão de vendas, existem dois caminhos:

- **O primeiro é você ser a referência através de seus resultados, com atitudes e pensamentos de um "artilheiro de vendas".**
- **O segundo é a sua visão de trabalho ser geradora de resultados para as pessoas que executam aquela ideia.**

Os dois caminhos ligam em um objetivo final, construir resultados e em ambos têm que existir o sentimento de superação, de fazer o algo a mais para conquistar uma meta.

Quando você se dispõe a mudar as suas prioridades e colocar a sua meta no papel, você abre as portas para a superação entrar na sua vida. Uma estratégia que utilizei por muitos anos era a de colocar as minhas metas de vendas coladas em locais que eu enxergasse o tempo todo. Feito isso, buscava esse objetivo vinte e quatro horas por dia. O papel colado te inspira, depois de um tempo incomoda, e aí você tem que programar a sua mente e suas ações para escolher entre desistir da meta ou atingir a meta. Quando você escolhe atingir a meta, fica mais disciplinado, com mais garra e disposição para enfrentar as adversidades; se prepara melhor, estudando sobre planos de ações para alcançar o resultado; vai se tornando uma pessoa melhor, com responsabilidade e postura profissional. Pessoas habituadas a concluir seus objetivos criam hábitos vencedores para a vida, e foi colocando a meta no papel e colando em uma parede que entendi a importância de visualizarmos nossos objetivos e focarmos em resultados. *Só sobe no pódio, quem tem resultados.*

A superação pessoal são mudanças que acontecem na sua vida, a partir do momento que você prioriza suas escolhas. É necessário você se priorizar, você se reconectar, encontrar o que te motiva e alimentar essas razões dentro de você todos os dias. O caminho pode ser árduo, mas acredite, você vai viver tudo o que sonha. O texto abaixo define bem esse tema.

> Superação não é uma escolha, superação é uma necessidade. O que define uma pessoa vencedora é como ela reage aos obstáculos da vida, é a maneira como ela reage a uma queda. Talvez você tenha mágoas, cicatrizes, mas saiba que essas são marcas que definem o caráter de uma pessoa vitoriosa. Nunca deixe ninguém depositar a crença de que você não é capaz. SE PREPARE, pois uma das coisas mais lindas da vida é você realizar algo que um dia disseram que você não seria capaz. E abasteça a sua fé em DEUS. Pessoas com fé acreditam mais, pessoas com fé se doam mais, e pessoas com fé realizam mais.

SEJA O EXEMPLO

07

Havia um velho carpinteiro conhecido em toda a região *por sua habilidade e dedicação. Durante décadas, construiu casas sólidas e belas, deixando sua marca em cada detalhe.*

Certo dia, decidiu se aposentar. Foi até seu patrão e disse:

— Mestre, servi por muitos anos, mas agora quero descansar e aproveitar o tempo com minha família.

O patrão, que o admirava profundamente, pediu-lhe um último favor:

— Sei que já fez muito, mas poderia construir só mais uma casa antes de partir?

O carpinteiro aceitou, mas sem entusiasmo. Cansado e impaciente, escolheu materiais de qualidade duvidosa, cortou caminhos, ignorou detalhes e, pela primeira vez, construiu algo somente para terminar logo.

Quando entregou as chaves ao patrão, esperava apenas um agradecimento, mas foi surpreendido:

— Meu amigo, esta casa é um presente para você, em gratidão por todos os anos de dedicação.

O carpinteiro ficou sem palavras. Seu rosto corou de vergonha ao perceber que moraria na casa que ele mesmo construiu com descuido.

E então compreendeu: cada escolha que fazemos constrói a casa em que viveremos.

Nossa reputação é como uma casa: não se constrói em um dia, mas em cada prego, em cada tijolo, em cada detalhe. Se fizermos nosso trabalho com integridade e dedicação, o mundo nos reconhecerá por isso.

Reputação é a opinião do público em relação a uma pessoa, um grupo de pessoas ou uma organização. Constitui-se num importante fator em muitos campos, tais como negócios, comunidades ou *status* social.

Dentre os significados que tem, a palavra "exemplo" é aquilo que pode ou deve ser imitado, ou copiado. Ou seja, para você construir uma boa reputação, avalie se, em todas as suas atitudes, você está sendo um exemplo.

A frase: *"Faça o que eu digo, mas não faça o que eu faço"*, é a maior sabotadora que uma pessoa pode praticar na sua vida. Se as palavras de um homem não são condizentes com as suas ações, ele não é um homem; apenas uma criança que gosta de falar.

Um profissional que conquistou o respeito da sua equipe sabe com clareza a relevância de construir bases sólidas para ter uma equipe de sucesso. É crucial que a pessoa transmita confiança para os outros através do seu comportamento. Sabe que carreiras e empregos são extremamente importantes, mas, antes disso, estão as suas crenças e valores pessoais.

Isso é válido para todos os campos da vida: um pai aconselhar um filho a não fazer algo errado, que o filho o viu fazendo, não vai fazer com que o pai se torne uma boa referência. O mesmo vale para um profissional em qualquer função na empresa.

Ser exemplo não tem nada a ver com cargo ou posição hierárquica, é ter atitudes corretas e coragem de ir à frente, encontrar e mostrar o caminho, mas não apenas mostrar, o verdadeiro exemplo é aquele que caminha junto. O mesmo vale para a vida pessoal. Não adianta ser um excelente profissional, mas viver uma vida inconsequente e cometer várias atitudes reprováveis, em algum momento essas ações vão influenciar negativamente nos seus resultados profissionais. No esporte, vemos muitos exemplos de atletas que perderam grandes oportunidades quando suas atitudes na vida pessoal são expostas, o mesmo vale para você.

Reputação não se compra, se constrói. Tijolo por tijolo, dia após dia, com cada atitude, decisão e compromisso cumprido.

No mundo profissional e nos negócios, nada fala mais alto do que o exemplo que damos. Se você deseja ser reconhecido como um profissional respeitado, não basta ter um currículo impressionante — é preciso ser a pessoa que age com ética, entrega resultados e inspira confiança. O verdadeiro líder não precisa levantar a voz para ser ouvido; sua postura, sua dedicação e seu respeito pelos outros falam por si.

Da mesma forma, uma empresa bem avaliada não se destaca somente pelo que vende, mas pelo que representa. Empresas que priorizam a qualidade, o atendimento e a honestidade conquistam algo que dinheiro nenhum pode comprar: credibilidade.

Cada cliente satisfeito se torna um embaixador da marca, cada elogio reforça a reputação e cada experiência positiva constrói um legado.

No fim das contas, seja no ambiente de trabalho ou no mercado empresarial, **as palavras podem convencer, mas são as atitudes que realmente provam quem somos.**

Seja o profissional que você admiraria. Construa a empresa que você respeitaria. Porque a reputação que você cria hoje será a porta de entrada para as oportunidades de amanhã. A boa reputação vale mais que grandes riquezas; desfrutar de boa estima vale mais que prata e ouro.

A sua reputação não diz respeito apenas às suas qualidades técnicas ou experiências passadas; e sim sobre a maneira como você se mostra no mercado; tenha zelo pela sua marca pessoal.

Mahatma Gandhi inspirou milhões com uma simples frase:
"Seja a mudança que você quer ver no mundo."

Liderança começa pelo exemplo.

A ARTE DE SE RELACIONAR

08

T***odos os anos, um fazendeiro era premiado com o*** *troféu de melhor lavoura de café da região. Seu café era reconhecido pela qualidade excepcional, o aroma inconfundível e os grãos perfeitos. Era sempre o grande vencedor da feira agrícola.*

Um dia, um jornalista, curioso ao saber que o fazendeiro compartilhava suas sementes campeãs com os vizinhos, decidiu entrevistá-lo.

— Senhor, me diga uma coisa — perguntou intrigado —, por que o senhor divide suas melhores sementes com os outros fazendeiros da região? Eles também concorrem com o senhor todos os anos. Isso não é... contraditório?

O fazendeiro sorriu com serenidade e respondeu:

— Meu caro, você não entende como a natureza funciona. O vento não respeita cercas. Ele carrega o pólen de uma lavoura para outra, espalhando-o entre todos os cafezais ao redor. Se os meus vizinhos cultivarem sementes ruins, com o tempo, a qualidade do meu próprio café também será prejudicada pela polinização cruzada.

Fez uma pausa e concluiu:

— Se quero ter o melhor café, preciso garantir que meus vizinhos também tenham bons cafezais. Eu não cultivo só para vencer prêmios. Eu cultivo para viver bem... e para que todos à minha volta vivam bem também.

A maior habilidade que uma pessoa pode desenvolver é a capacidade de se relacionar bem com outras pessoas; no mundo corporativo, a pessoa que souber a importância de aplicar essa habilidade, provavelmente vai ser a que mais vai ter oportunidades de novos negócios através do *networking* que se cria com quem sabe se relacionar.

Existem muitas pessoas com potencial fantástico, mas que esbarram nessa capacidade, pois o ego, o orgulho e a prepotência acabam influenciando suas ações e, consequentemente, afetando negativamente seus resultados. Tem como características serem inflexíveis, rígidas demais, passam a impressão de estarem o tempo todo mal-humoradas ou insatisfeitas, focam mais no ponto negativos, do que nos positivos, não são abertas a ceder a opiniões e geralmente quando tem algum conflito de visão, transformam isso em confronto pessoal. Na minha vivência no empreendedorismo, 99% dos profissionais que estavam em cargos de liderança e que atuaram dessa forma, ou foram demitidos, ou quebraram a empresa em que estavam à frente.

É importante entender sobre essa habilidade de convívio social, pois uma pessoa preparada sabe da importância em fazer a gestão de pessoas e se relacionar bem com todos. Quando o time tem o mesmo propósito, grandes resultados são construídos.

Networking é uma palavra em inglês que indica a capacidade de estabelecer uma rede de contatos ou uma conexão com algo, ou com alguém.

Pessoas que sabem se relacionar são aquelas que sabem fazer essas parcerias e estão sempre dispostas a ajudar e contribuir de alguma forma com o outro. Não pensam somente no próprio umbigo, pois sabem que tudo que você focar tem o poder de expandir. Então, se você levar energia positiva para o ambiente em que convive, se despertar o sentimento de gratidão de outras pessoas por você, pode ter a certeza de que essas boas energias voltarão para a sua vida. E a maneira como você se relaciona influencia diretamente nessas boas energias que pode receber.

Sem dúvida, trabalhar com prospecção, vendas, atendimento ao público ou exercer funções de liderança e gestão de pessoas é um excelente "curso de especialização" sobre a arte de se relacionar, uma vez que esses são os tipos de atividades em que você desenvolve essa habilidade diariamente. Abordar pessoas com perfis e necessidades diferentes todos os dias para vender o mesmo produto ou serviço e conseguir ter êxito vai fazer você se tornar um excelente comunicador e influenciador de pessoas e ambientes. Os melhores profissionais são aqueles que prestam atenção nas necessidades do cliente, são bons ouvintes para, quando chegar o momento, se comunicar encantadoramente, solucionando a dor dessa pessoa e, naturalmente, "vendendo" o seu produto ou serviço, mostrando todo o valor que tem.

Para o líder ter sucesso, é fundamental desenvolver essa habilidade; tornar-se verdadeiramente interessado por cada pessoa da sua equipe, criar empatia em saber da história de cada um e descobrir o que as motiva a participarem do seu time e qual o propósito de vida de cada um deles. É necessário compreender o motivo pelo qual eles fazem o que fazem diariamente e qual a razão e valor que encontram no projeto em que estão envolvidos.

Se você conseguir criar uma relação de confiança e lealdade com as pessoas que trabalham com você, vai conseguir trabalhar de maneira individual com cada membro, criando uma estratégia baseada na visão individual do que motiva cada pessoa e conectar essas visões e estímulos em ações para o resultado coletivo.

Não são todas as pessoas em cargos de liderança que conseguem desenvolver essa habilidade, algumas se perdem quando conquistam esse cargo, por perderem a essência de se relacionar, se trancam em suas salas e esquecem de conquistar e entender os objetivos que movem as pessoas da sua equipe. Igual ao personagem elefante na *Parábola da Girafa Demitida* (falarei mais sobre essa parábola no capítulo "O Poder da Gestão"). Quando se trata de liderança, é fundamental conhecer a história de cada pessoa da sua equipe.

Saber se relacionar é uma competência interpessoal para todos que querem ser bem-sucedidos na vida.

Para construir relações duradouras, é necessário desenvolver essa habilidade.

Existem alguns venenos que destroem qualquer relação e, como consequência, a habilidade em se relacionar. Os dois principais são: falta de respeito e a inveja.

Falta de respeito é tudo que envolve a falta de lealdade, empatia, interesse pelo próximo e a mentira.

Já no caso da inveja, é um sentimento de angústia ou raiva que se sente quando vemos que outra pessoa tem algo que desejamos. Pode ser um desejo de ter o que o outro tem, ou de usufruir de uma situação semelhante.

Não tenha inveja sobre o outro, em vez de invejar, trate o seu coração para ter humildade e gratidão. Nós nunca conhecemos em definitivo as batalhas que cada pessoa enfrenta. Pessoas invejosas têm o coração doente, uma das piores sensações que um ser humano pode sentir é quando uma pessoa próxima está torcendo contra os seus sonhos, isso destrói qualquer relação.

Todos os dias, nas redes sociais, você vai ver uma mensagem dizendo para não contar os seus planos para outras pessoas; mas pior do que a pessoa que fala além do necessário, é a pessoa que sente inveja ou fica incomodada ao ver o outro sonhar.

A *Parábola da Cobra e do Vaga-lume* apresenta uma mensagem pertinente sobre a inveja e o mau-olhado.

Era uma vez uma cobra que começou a perseguir um vaga-lume que só vivia para brilhar. Ele fugia rapidamente, com medo da feroz predadora, e a cobra nem pensava em desistir.
Fugiu um dia e ela não desistia, dois dias e nada... no terceiro dia, já sem forças, o vaga-lume parou e perguntou à cobra:
— Posso te fazer três perguntas?
— Não costumo abrir esse precedente para ninguém, mas já que vou comer você mesmo, pode perguntar — respondeu à cobra.
— Pertenço à sua cadeia alimentar?
— Não — respondeu secamente.
— Te fiz alguma coisa?
— Não.
— Então, por que você quer me comer, cobra?
— Porque não suporto ver você brilhar!

Moral da história: existem pessoas invejosas e sem brilho que não suportam ver outras brilharem.

***

Cuide de si e dos seus sentimentos, para que energias negativas não destruam a sua paz.

Se alguma pessoa próxima a você se incomodar com o seu brilho, somente siga em frente. Você não é o que alguém julgou a seu respeito, um grande mal de pessoas negativas é tentarem desmoralizar pessoas que estão em destaque, só pessoas frustradas fazem isso, não caia nessa armadilha de quem não se aceita. Você não precisa perder o seu tempo dando explicações, na maioria das vezes você vai ser criticado por pessoas que realizam menos do que você; pessoas que ficam julgando na plateia em vez de subirem no palco da vida e construírem a própria história — essas pessoas não merecem explicações. Nunca permita que uma crítica desestimule você a buscar os seus sonhos, você é definido pelos seus valores e caráter e não pelo que as pessoas dizem de você.

Busque olhar o lado bom de toda história e, se não conseguir enxergar algum lado bom, controle o seu humor. Pessoas mal-humoradas o tempo todo perdem o brilho; não destile amarguras e frustrações nos outros; muitas se perdem com esse comportamento, pois em vez de serem um instrumento de motivação à sua volta, se tornam amargurados carregando o ambiente. Muitas amizades e relacionamentos terminam por causa disso.

Mantenha a ética e o bom humor. Saiba filtrar o tom de voz e a energia que você descarrega ao compartilhar problemas com outras pessoas, e busque manter o controle emocional. Não descarregue energias negativas em quem não está ligado ao problema; você só vai levar preocupações para quem não precisa. Pessoas que vivem de mau humor têm o hábito de criar conflitos. Geralmente, elas fazem isso por estarem infelizes com a própria vida e, por isso, não conseguem ter controle sobre as suas ações. Já pessoas com bom humor conseguem resolver conflitos, são abertas a diálogos, têm mais facilidade de perdoar e de reconhecer seus erros, e conseguem conviver melhor no coletivo.

Reconheça o valor do outro, elogie, mas saiba dar esses *feedbacks* para não se perder e se tornar aquela pessoa chata que fica procurando falhas em tudo.

Saiba "engolir uns sapos" de vez em quando; nem tudo que se ouve deve ser rebatido. Pessoas que sabem se relacionar, que conseguem criar relações duradouras, sabem o momento certo de se posicionar. Elas têm a habilidade de respirar fundo e entender que nem tudo que se ouve deve ser levado para o coração.

Seja uma pessoa agradável, transmita mensagens positivas.

Hoje o mundo está acostumado a compartilhar mensagens que não edificam. Seja diferente, seja o transmissor que leve uma mensagem de esperança. Existe um mundo lindo que você pode transformar; seja essa pessoa que outras pessoas vão admirar.

> Dale Carnegie escreveu: *"Você pode conquistar mais amigos em dois meses se interessando genuinamente pelos outros do que em dois anos tentando fazer com que os outros se interessem por você."*

AFIE O SEU MACHADO

09

Certa vez, um velho lenhador conhecido por sempre *vencer os torneios de que participava, foi desafiado por outro lenhador jovem e forte para uma disputa. A competição chamou a atenção de todos os moradores da localidade. Muitos acreditavam que finalmente o velho perderia a condição de campeão dos lenhadores, em função da grande vantagem física do jovem desafiante.*

No dia marcado, os dois competidores começaram a disputa, na qual o jovem se entregou com grande energia e convicto de que seria o novo campeão. De tempos em tempos, olhava para o velho e, às vezes, percebia que ele estava sentado. Pensou que o adversário estava velho demais para a disputa, e continuou cortando lenha com todo vigor.

Ao final do prazo estipulado para a competição, foram medir a produtividade dos dois lenhadores e pasmem! O velho venceu novamente, por uma larga margem, aquele jovem e forte lenhador.

Intrigado, o moço questionou o velho:

— Não entendo, muitas das vezes, quando olhei para o senhor, durante a competição, notei que estava sentando e descansando, no entanto, conseguiu cortar muito mais lenha do que eu, como pode?

— Engano seu! — Disse o velho. — Quando você me via sentado, na verdade, eu estava amolando meu machado. E percebi que você usava muita força e obtinha pouco resultado.

O jovem lenhador acabava de aprender uma lição.

Todo trabalho bem feito, todo trabalho realizado com sucesso, não é sorte do acaso. Pessoas geradoras de resultados sabem da importância de desenvolver metodologias de trabalho fáceis de aplicar, que direcionem uma pessoa ou equipe para caminhos mais eficientes de conseguir resultados positivos. Esforço sem eficiência faz com que o processo seja lento. Para colocar eficiência e velocidade em seus projetos, verifique a metodologia de quem já faz bem feito.

Pessoas que procuram atalhos para alcançar um objetivo mais rápido, geralmente, não chegam a lugar algum, ou, quando chegam, não se sustentam por muito tempo; diferentemente do que acontece com as pessoas preparadas, pois elas conseguem elaborar um planejamento objetivo, que, quando validam a forma mais eficiente para construir resultados, fazem isso sem ficar dando voltas ou caminhando sem rumo.

A **metodologia** é o estudo dos métodos. Isto é, o estudo dos caminhos para se chegar a um determinado fim; é o procedimento necessário para se chegar a uma meta.

Equipes de alta performance são formadas por profissionais que seguem modelos e padrões de trabalhos que foram testados e validados com resultados positivos, na prática.

Todo profissional de alta performance tem em mente o objetivo final que quer atingir. São pessoas que têm fome de vitórias e vontade de vencer; sabem da relevância de compreender o ponto de partida e a metodologia de estudo e trabalho, seguindo uma direção. Apenas ter uma meta, apenas ter um plano não credencia ao resultado; o que vai fazer você chegar lá é desenvolver uma série de métodos de trabalho para a execução de cada etapa do projeto.

Para ser um empreendedor, seja um "aprendiz". Muitas pessoas desejam realizar mudanças em seus resultados, mas não se esforçam em se espelhar em quem já percorreu caminhos parecidos. Como líder da área comercial, já presenciei campanhas de vendas com ideias maravilhosas, que tinham muito potencial de resultados, mas fracassaram pelo fato de o líder da equipe não treinar o seu time com métodos eficientes e, consequentemente, perder a campanha. Também pude presenciar excelentes equipes comerciais que construíram resultados grandiosos. A diferença que pude perceber é que toda equipe vencedora tem metodologias aplicadas estrategicamente. Elas se preparam tanto na parte emocional quanto na técnica, e a excelência desse trabalho vem através da repetição e de treinamentos realizados.

As grandes empresas e os grandes líderes têm metodologias e procedimentos de trabalho em todos os setores de atuação e, com isso, a performance para alcançar resultados se torna muito mais fácil e rápida em relação às empresas que não dão a importância necessária a esses assuntos.

Sem métodos e padrões, a equipe não será capaz de desenvolver o seu potencial máximo.

Planejamento, gerenciamento, organização, implantação de processos, diagnóstico de problemas, análise de diferentes tipos de situações e cenários, saber interpretar dados e, com essas informações, traçar uma rota com compromissos e tarefas a serem executadas; coordenar uma equipe e desenvolver planos de ação em cada nível e etapa do projeto. Todos esses fatores devem ser considerados ao elaborar métodos de trabalho. É crucial pensar fora da caixa, pois grandes conquistas começam com atitudes e ousadias. Se, por algum motivo, não estiver obtendo o que plantou, analise seus hábitos. Um líder tem a capacidade de ensinar de forma mais fácil; a forma mais eficaz de ensinar é por meio de uma metodologia já demonstrada e validada.

Abraham Lincoln disse: *"Se eu tivesse seis horas para cortar uma árvore, passaria as primeiras quatro afiando o machado."*

Seu preparo define seu sucesso.

"Há três métodos para ganhar sabedoria: primeiro, por reflexão, que é o mais nobre; segundo, por imitação, que é o mais fácil; e terceiro, por experiência, que é o mais amargo."

— Confucio.

"ESFORÇO SEM EFICIÊNCIA FAZ COM QUE O PROCESSO SEJA LENTO.

A ARTE DE MANTER O FOCO

10

Um grande exemplo de foco e perseverança é o do corredor *Usain Bolt, o homem mais rápido do mundo. Bolt, nascido na Jamaica, teve uma infância marcada por dificuldades financeiras, mas desde cedo demonstrou um talento natural para o atletismo. No entanto, o caminho para as Olimpíadas não foi fácil. Ele sofreu diversas lesões ao longo da carreira e teve momentos em que o sucesso parecia distante.*

Apesar disso, Bolt manteve um foco inabalável em seus objetivos. Durante os anos que antecederam suas grandes vitórias, ele passou horas incontáveis no treinamento, aprimorando sua técnica, sua velocidade e sua resistência. Muitos olhavam para ele e viam somente seu impressionante talento natural, mas a verdade é que seu maior trunfo era o seu compromisso com a disciplina e com a melhoria constante.

Bolt também era um mestre em manter a calma sob pressão. Em momentos críticos, como nas finais olímpicas, ele conseguia focar apenas no que precisava fazer, bloqueando qualquer distração, seja da mídia, dos adversários ou das expectativas dos outros. Seu foco o levou a conquistar 8 medalhas de ouro olímpicas e a estabelecer recordes mundiais, incluindo o lendário tempo de 9,58 segundos nos 100 metros.

A jornada de Bolt nos ensina que o foco não é apenas sobre o talento, mas sobre como transformar os desafios em combustível para o sucesso. Ele não se deixou desviar pelas adversidades ou pela expectativa externa. Seu foco foi inquebrável, e esse é um dos maiores legados que ele deixou ao mundo dos esportes.

Fé para nunca desistir, força para superar as dificuldades e foco para alcançar os nossos objetivos.

Que, a cada passo que você der, não lhe falte *força*, *foco* e nem *fé*. Se mantiver o foco na meta e a fé no coração, a força nunca faltará e a vitória estará próxima.

São nos detalhes que grandes coisas acontecem; e para estar atento a esses detalhes é necessário estar em foco.

No mundo moderno, as pessoas estão o tempo todo recebendo informações novas, o que pode ser muito bom por um lado, mas, em outro, pode tirar o foco e a concentração e acabar prejudicando o desempenho.

Você já assistiu televisão e, ao mesmo tempo, ficou conectado no celular? Ou já foi estudar pelo computador, mas deixou as suas mídias sociais abertas para ficar batendo o olho no que estava sendo publicado?

Pois bem, algumas pessoas dizem que conseguem fazer mais de uma coisa ao mesmo tempo, e isso é uma qualidade e tanto, mas quando você está com um objetivo definido, a maneira de você se conectar e ficar próximo dele é fechar a janela para novas informações e focar naquilo que se propõe a fazer. É a capacidade de dizer não a todas as novidades oferecidas constantemente, o que nos distrai e nos impede de concentrarmos na tarefa em questão.

Uma pergunta para refletir:

Enquanto você leu este livro, ficou olhando ao celular?

As distrações do dia a dia se tornam hábitos que não percebemos que praticamos, nos afastam do objetivo que desejamos alcançar. Muitas pessoas desejam fazer muitas coisas, mas quando começam a praticar, deixam com que fatores externos a tirem do caminho que estavam trilhando, pequenas coisas do dia a dia que tiram o foco o tempo todo.

Nas empresas, as mídias sociais e o WhatsApp são as distrações que mais tiram uma pessoa do foco, e quando não se tem um controle sobre o tempo perdido com essas distrações, é fato que a performance vai diminuir; o que pode prejudicar a ponto de o colaborador não permanecer na empresa. Existem muitos profissionais que têm todas as habilidades para desenvolver resultados grandes, mas acabam convivendo com resultados medíocres, pois não têm o controle sobre essas atitudes. Já tive a oportunidade de ver funcionários que, durante uma reunião importante, ficavam o tempo todo conectados ao celular, sendo dispensados de seus cargos.

Uma pessoa que deseja atingir a alta performance e crescer na vida, como pessoa e profissional, tem que saber se autogerenciar. Uma coisa é fato: pessoas que não têm disciplina com a própria vida não vão conseguir brilhar, ou vão caminhar em passos muito lentos, pois se permitem perder muito tempo com coisas que não agregam em nada.

Não estou escrevendo aqui para ficar abitolado e não dar uma pausa para descansar. Não se deixem confundir com uma pausa para o café, uma pausa para respirar no meio do dia; isso faz parte e até ajuda a manter a energia para prosseguir. Mas tenha controle sobre isso, pessoas com objetivos sólidos sabem administrar o seu tempo.

Se você sabe onde quer chegar, não se distraia com coisas ou pessoas que estão tirando você do seu objetivo. A falta de foco transmite a falta de compromisso. Se você deseja melhorar a sua performance nos estudos ou na carreira, além de se tornar uma pessoa mais valorizada, não deve permitir espaço para distrações. Se for ler um livro, se for assistir a um vídeo importante, não coloque uma música de fundo, deixe o celular no modo avião. E, se for participar de uma reunião, esqueça por alguns momentos o celular. São essas pequenas atitudes que vão te aproximar ou te distanciar do que você está buscando.

Pessoas que conseguem se concentrar quando estão realizando algo, geralmente conseguem enxergar os detalhes que as pessoas sem foco não enxergam.

Tenha consciência da importância de manter o foco, pois tudo o que focamos expande. Falta de foco impede que as pessoas alcancem seus objetivos; depois, de nada adianta reclamar ou criar desculpas para justificar o próprio autoengano.

Ter foco é fazer hoje o que te trará orgulho amanhã.

O foco é importante para atingir seus objetivos. As pessoas de sucesso sabem da importância de manter o foco. Concentre-se nas pequenas atitudes do dia a dia; elas te aproximam de onde você quer chegar. Ter foco é estar alinhado e disciplinado com o seu propósito de vida; é entender a importância de executar cada passo do seu objetivo, sem pular etapas; é estar concentrado no que deve ser feito e na maneira como deve fazer; é criar uma rotina que não faça você se dispersar daquilo que merece conquistar.

O foco caminha lado a lado com a persistência, pois quem tem foco persiste e quem persiste sabe onde quer chegar.

A persistência é uma ideia sólida e constante de algo a ser alcançado, independentemente de obstáculos ou dificuldades. É permanecer focado no caminho, mesmo com objeções, uma das principais qualidades das pessoas vitoriosas, pois fortalece a vontade e a atitude para atingir o objetivo.

Deus nos fornece todos os recursos para obtermos sucesso, porém cabe a nós administrarmos com inteligência.

Bruce Lee dizia: *"Não temo o homem que praticou 10.000 chutes uma vez, mas aquele que praticou um chute 10.000 vezes."*
O foco leva à maestria.

”

TER FOCO
É FAZER HOJE
O QUE TE
TRARÁ
ORGULHO
AMANHÃ.

TREINAMENTO

11

***E**m um pequeno vilarejo à beira de um grande rio, duas* *equipes foram desafiadas para uma competição de remo. O prêmio? O reconhecimento como os melhores remadores da região.*

A primeira equipe era composta por atletas fortes e talentosos, cada um com experiência individual em remo. Eles confiavam que, com sua força bruta e talento natural, venceriam facilmente.

A segunda equipe, embora também tivesse bons remadores, fez algo diferente: antes da competição, passaram semanas treinando juntos, sincronizando seus movimentos, ajustando a comunicação e aperfeiçoando suas técnicas de remada.

No dia da grande corrida, a largada foi equilibrada, mas conforme o percurso avançava, algo ficou claro: a equipe treinada estava em perfeita harmonia. Enquanto a equipe dos talentosos remava descoordenadamente, desperdiçando energia e discutindo sobre quem deveria liderar o ritmo, a equipe que treinou fluía como uma única unidade.

Quando cruzaram a linha de chegada, o time treinado venceu com larga vantagem. Os espectadores ficaram surpresos — como aqueles que, individualmente, não eram os mais fortes, conseguiram superar os que pareciam imbatíveis?

O capitão da equipe vencedora explicou:

— Talento individual pode ganhar uma corrida curta, mas treinamento em equipe vence maratonas. Trabalhamos juntos, aprendemos juntos e ajustamos cada detalhe para sermos uma única força, não apenas indivíduos fortes.

Essa história nos ensina uma grande lição: **o verdadeiro poder de uma equipe de alta performance não está somente no talento, mas na capacidade de treinar, alinhar esforços e trabalhar em sincronia**.

Empresas que investem no desenvolvimento de seus times, aprimoram processos e fortalecem a colaboração, não apenas vencem desafios — elas dominam o jogo. Porque, no final, não é a força de um que vence, mas a sintonia de todos.

A expectativa de que um funcionário tenha uma performance excepcional, sem o devido treinamento, é uma ilusão.

As atitudes do líder refletem diretamente no ambiente e resultados da equipe.

Se uma equipe não estiver obtendo resultados conforme o esperado, pode ter certeza de que a liderança que está à frente desse time está fragilizada.

Durante a minha trajetória de gestão de equipes e mentorias, tive que assumir a gestão de um departamento, pois o líder não conseguia mais capacitar os profissionais para ter uma boa performance em resultados.

Ao investigarmos o que estava acontecendo, constatamos que a equipe era chefiada por uma pessoa fraca que não possuía a capacidade de liderar. Como consequência, a equipe era composta por um amontoado de pessoas, sem um objetivo claro, sem metas claras e objetivas, sem função ou responsabilidade definida para cada membro e, sobretudo, sem métodos de trabalho.

Avaliando esse cenário, é possível perceber o motivo pelo qual a equipe não era bem-sucedida, mas a liderança frágil não conseguia enxergar essas deficiências. Para muitos gestores, é mais fácil alegar que um funcionário (que eles contrataram) é ruim, em vez de assumir a responsabilidade em treiná-los.

Ao selecionar um novo membro, há etapas que o líder deve cumprir. Uma dessas etapas, que sempre apliquei e deu resultados positivos, é a realização de reuniões periódicas com os novos membros para obter informações sobre a vida e treinamentos técnicos específicos para a função que irá desenvolver. Visão de futuro, expectativas na empresa, família, crenças, até o time de futebol. Tudo isso é importante para criar uma conexão, identidade, avaliar se o novo integrante vai conseguir se adaptar com a cultura, mentalidade, princípios e valores da empresa e, principalmente, fazer com que se sinta parte da equipe.

Depois de certo período, já com essa pessoa conectada com a empresa, eu transformava essas reuniões em semanais.

A primeira etapa desse treinamento sempre foi a mais longa, pois eu treinava técnica e mentalidade. Todos os dias eu dividia a reunião que durava pelo menos uma hora nessas duas etapas, sempre com a visão de treinar a parte técnica do trabalho, seguindo uma ordem cronológica: iniciando de como prospectar um cliente e concluindo até a assinatura do contrato. E antes ou depois dessa reunião de técnica, intercalava com a mentalidade de motivação, crescimento profissional e os propósitos da empresa.

Quando existe um método bem definido de trabalho, metas claras e expectativas de desempenho objetivas para cada pessoa, os treinamentos diários se tornam uma poderosa ferramenta de crescimento. Através da repetição intencional, o profissional consolida habilidades, corrige falhas e aprimora sua execução, aproximando-se cada vez mais da excelência na performance.

A repetição é importante para as informações relevantes serem registradas por quem as recebe. Por melhor que seja o seu poder de persuasão, é imperioso assegurar que o ponto relevante da informação fique registrado pela outra parte.

Se hoje você está em um cargo de liderança, invista seu tempo, sua motivação e energia, treinando a sua equipe logo que iniciarem os trabalhos com você.

Uma equipe bem treinada tecnicamente, com os valores e paixões que movem a empresa, é uma equipe que consegue construir histórias marcantes e como consequência consegue promover esses profissionais destaques para cargos e objetivos maiores. São nesses treinamentos que você consegue avaliar habilidades que vai além da técnica, tais como: tom de voz, atitude, iniciativa, disciplina com horários, estar vestido conforme a sua profissão, postura, comportamento, vocabulário adequado, planejamento estratégico, habilidade de se relacionar, competência emocional para lidar com as frustrações, entre outras que tem que ser treinadas e praticadas com frequência, para você ter um time de profissionais campeões.

O líder tem a responsabilidade de ser a referência em todos os aspectos, conhecimento e conduta, e o papel de inspirar e influenciar pessoas, além de mostrar o caminho de como trilhar a jornada da vitória.

Você percebe quando um líder é bom, quando ele conquista o respeito, admiração e tem autoridade com a equipe e, para desenvolver esse vínculo, tem que estar vivendo o presente com intensidade junto aos seus colaboradores.

Percebe-se a diferença que um líder faz, quando consegue desenvolver novas pessoas a cargos de liderança, quando o seu time trabalha para bater recordes, onde o propósito e a glória estão na frente do dinheiro, pois dinheiro para uma equipe vitoriosa é igual uma medalha de ouro para um atleta, ambos são consequência de muito treino, dedicação, foco, compromisso e trabalho.

Percebe-se quando o líder é ruim: quando ele vive apagando incêndios, sem estar agindo com intensidade para a sua equipe produzir. As intensidades do presente focam nos problemas da empresa, não nas soluções. Geralmente, esses líderes não têm iniciativa para trazer uma ideia nova e ficam reclamando. Não fazem planejamentos, não se arriscam em fazer uma estratégia diferente, quase sempre acham um culpado para a situação; a equipe vive em desarmonia e esperando a condição perfeita para agir — ou seja, raramente agem.

Os treinamentos permitem que o funcionário erre, é dez vezes mais barato e economiza tempo.

O líder precisa saber do assunto, tanto quanto seus liderados, quando o líder mostra que sabe sobre o que está falando, consegue conquistar o respeito da sua equipe, por esse motivo é importante que o líder se aperfeiçoe e recicle mais do que qualquer outra pessoa; é fundamental sempre estar um passo à frente dos problemas que possam surgir.

A coisa mais nobre que um líder pode fazer para os integrantes da sua equipe é ter a disposição de treiná-los até atingir o mais alto nível, gerenciando todos os passos dos seus liderados, mostrando disposição para reverter objeções, compartilhando todos os recursos e conhecimentos que tem sobre o trabalho. Se esforçar para a equipe acreditar que, com motivação e treinamentos, todos podem atingir resultados extraordinários.

> "Pior do que treinar um funcionário e ver ele sair, é não treinar o funcionário e ver ele ficar."
>
> **— Henry Ford**

PLA NEJA MENTO

12

Era uma vez um arquiteto que sonhava em construir um enorme e magnífico castelo. Ele passava seus dias admirando castelos em livros e imaginando como seria viver em um lugar grandioso, com torres altíssimas e jardins imensos. O arquiteto sabia que, se algum dia fosse construir algo assim, teria de ser meticuloso, pois o castelo precisava ser perfeito.

Certo dia, ele decidiu que iria iniciar a construção. Sem mais demora, ele foi até o campo onde imaginava erguer o castelo. Com muita empolgação, começou a cavar os alicerces. No entanto, à medida que o tempo passava, ele percebeu que as fundações estavam desmoronando. A estrutura que ele imaginava tão grandiosa não estava tomando forma como ele desejava. O arquiteto, frustrado e cansado, desistiu e voltou para casa, deixando o campo vazio.

Um velho sábio, que morava na aldeia, observou o que havia acontecido e foi até o arquiteto. Ele perguntou o que o havia feito desistir, e o arquiteto, triste, explicou que sua visão era grandiosa demais e que não sabia como torná-la real.

O sábio olhou para o arquiteto e disse:

— Você sonhou com algo grande, mas esqueceu o primeiro passo: planejar a jornada. A construção de um castelo não começa com a empolgação de começar, mas com a clareza de onde você quer chegar. O plano precisa ser sólido e a fundação precisa ser forte. Sem um planejamento claro, até os maiores sonhos podem desmoronar.

Ele então convidou o arquiteto para uma caminhada até uma colina próxima, de onde podiam ver a aldeia e toda a paisagem ao redor. De lá, o sábio apontou para as montanhas distantes e disse:

— Você quer chegar até aquelas montanhas, mas primeiro, você precisa mapear o caminho. Antes de qualquer construção, o projeto deve ser desenhado, as fundações devem ser planejadas e os recursos devem ser organizados. O castelo que você *sonha precisa de um plano, uma direção e de passos bem definidos para ser concretizado.*

O arquiteto, então, compreendeu a mensagem. Ele voltou para casa e, dessa vez, em vez de correr para a construção, começou a planejar. Ele desenhou o castelo em detalhes, planejou cada etapa da obra e decidiu os recursos de que precisaria. Ele sabia que seria um processo longo, mas agora ele tinha uma direção.

Meses depois, com seu plano em mãos, o arquiteto voltou ao campo. Com cada pedra colocada cuidadosamente, com cada estrutura planejada de antemão, ele começou a ver o castelo tomando forma. O trabalho era árduo, mas o plano o mantinha focado e motivado, mesmo nos dias difíceis. E, finalmente, após muito esforço, o castelo foi erguido. Ele não era somente um reflexo da visão do arquiteto, mas também da importância do planejamento.

O **planejamento** é o alicerce para a construção de qualquer sonho. Não importa o quão grandioso seja o seu objetivo; sem um plano estruturado, até o maior desejo pode desmoronar. Um bom plano não apenas orienta suas ações, mas também mantém você motivado, focado e preparado para enfrentar os desafios ao longo do caminho. Para alcançar o êxito, é preciso mapear cada passo e garantir que o caminho para o seu castelo seja construído com solidez.

Todos nós já ouvimos a famosa frase:

Se você falha em planejar, está planejando falhar.

Parece simples, mas é uma verdade profunda e poderosa. O planejamento não é apenas uma lista de tarefas a cumprir, é a fundação sobre a qual construímos nossos maiores sonhos. A ideia de alcançar objetivos grandes pode ser assustadora, mas a beleza do planejamento está em torná-los possíveis, de forma estruturada e alcançável.

Quando começamos a planejar, damos o primeiro passo na direção da transformação. O planejamento não só organiza a ação, mas converte o sonho abstrato em uma realidade concreta. Quando temos um plano, sabemos para onde estamos indo, o que precisamos fazer para chegar lá e, mais importante, sentimos confiança no caminho que estamos trilhando. O planejamento é o combustível que faz a jornada não só mais clara, mas também mais motivadora.

Planejar é mais do que organizar tarefas; é dar forma ao nosso futuro. Quando temos um plano, tomamos decisões mais conscientes e alinhadas aos nossos objetivos. Ao definirmos metas claras, sabemos exatamente onde queremos chegar e o que precisamos fazer para alcançar esse lugar. O planejamento nos dá o controle sobre o que está por vir, permitindo que tomemos ações com propósito e direção.

O planejamento não elimina os desafios da vida, mas nos prepara para enfrentá-los com confiança. Ele transforma o que poderia ser um obstáculo em uma oportunidade de aprendizado e crescimento. A cada passo dado com base em um plano bem estruturado, avançamos em direção aos nossos objetivos, mesmo quando a jornada é difícil.

Quando sonhamos, imaginamos um futuro ideal. Mas para que esse futuro se concretize, precisamos de mais do que sonhos — precisamos de ações deliberadas. Um bom planejamento nos permite dividir grandes metas em pequenas tarefas alcançáveis, criando um caminho claro e viável para o sucesso.

Por exemplo, se o seu sonho é abrir um negócio, um planejamento eficaz envolve mais do que simplesmente desejar ser empreendedor. É sobre entender o mercado, estruturar um plano de negócios, definir metas financeiras, planejar os recursos necessários e, mais importante, monitorar o progresso ao longo do caminho. Quando você planeja, tem uma visão clara de onde está indo e o que precisa fazer para chegar lá. Isso torna os obstáculos menores e as vitórias mais significativas.

Tive que descobrir sobre isso da pior forma. Quando comecei o meu projeto de abrir minha primeira escola de inglês, sabia fazer uma coisa muito bem: **MATRÍCULA**.

Trabalhei por quase seis anos em outra rede, vendendo cursos de inglês, e me tornei um profissional de destaque na minha região nesta função. No entanto, abrir uma empresa é uma tarefa complexa, que envolve muito mais do que o desempenho de uma única função. Tive que aprender a controlar o estoque, o fluxo de caixa, a legislação tributária, a gestão administrativa, pedagógica e de limpeza e, principalmente, a observar todos os detalhes que, quando era funcionário, passavam despercebidos.

Além disso, ao se tornar um empreendedor, você começa a ter uma visão ampla do negócio e deseja que tudo ocorra perfeitamente em todos os setores. No entanto, se não estiver em um estado emocional blindado, os pequenos problemas que surgem diariamente podem prejudicar o seu progresso, pois você concentra sua atenção nos problemas que não estão sendo resolvidos em detrimento daquilo que está dando certo.

A busca pela perfeição pode ser paralisante. Muitas pessoas desistem de planejar porque têm medo de falhar, de não conseguir prever tudo, de cometer erros. Porém, o mais importante não é ter um plano perfeito, mas sim ter um plano que seja realista, flexível e adaptável. A vida e os negócios são dinâmicos, e o que funciona hoje pode não ser tão eficaz amanhã. Mas quem planeja tem a capacidade de se ajustar e seguir em frente.

Um ótimo exemplo disso é a trajetória da Netflix. Inicialmente, a empresa era uma locadora de DVDs online, mas o planejamento estratégico levou a uma mudança radical: a transformação em uma plataforma de *streaming*. Quando os fundadores da Netflix perceberam que o mercado de locação de DVDs estava em declínio, eles fizeram a transição de forma planejada e ousada, adaptando-se rapidamente ao novo cenário e criando um novo modelo de negócios. Sem um planejamento claro, talvez a empresa nunca tivesse se reinventado e não teria se tornado o império do entretenimento digital que é hoje.

Portanto, ao planejar, não busque a perfeição. O mais importante é começar com o que você tem, ajustar ao longo do caminho e ser flexível para adaptar-se às mudanças.

O erro não é o fim, mas uma oportunidade de aprimorar e ajustar o plano.

Quando você sabe o que precisa fazer e por que está fazendo, a motivação surge naturalmente. Sem um plano, podemos facilmente nos perder em meio às distrações e dificuldades, mas com ele, temos clareza e propósito. Ter um plano definido nos dá a sensação de progresso, mesmo nas pequenas vitórias do dia a dia. Cada tarefa concluída, por menor que seja, nos aproxima do objetivo maior e nos dá mais energia para continuar.

Ter um plano é como ter um propósito diário. Quando sabemos exatamente o que precisamos fazer e por que estamos fazendo, a motivação surge naturalmente. O planejamento nos dá clareza, e a clareza nos ajuda a manter o foco, mesmo quando as coisas ficam difíceis.

É fácil perder o ânimo quando estamos perdidos ou sem direção. Quando a vida parece um emaranhado de decisões sem fim, podemos sentir que estamos apenas reagindo às situações em vez de agir proativamente. Mas, com um planejamento bem-feito, somos capazes de ver o quadro geral e ficar mais focados nas tarefas diárias, sabendo que cada pequeno passo nos leva mais perto do nosso objetivo.

Uma das maiores armadilhas do planejamento é a busca pela perfeição. A vida é imprevisível, e ajustes ao longo do caminho são inevitáveis. O importante não é ter um plano infalível, mas ter um plano com flexibilidade para se adaptar às mudanças e seguir em frente, mesmo quando surgem obstáculos inesperados.

Planejamento é a chave que transforma sonhos em realizações. Como afirmou Steve Jobs: *"Você não pode conectar os pontos olhando para frente, só pode conectá-los olhando para trás."*

Portanto, invista tempo no planejamento, porque ele cria as conexões que transformarão seu futuro em algo extraordinário.

13

Havia, em um pequeno vilarejo, um orador renomado que todos admiravam. Ele sabia como ninguém articular suas palavras, transmitir emoções e fazer com que até as mentes mais fechadas se abrissem. Seu dom de falar era tão forte que, onde quer que fosse, multidões se reuniam para ouvir suas palavras. Ele tinha um poder incrível sobre os corações e as mentes das pessoas, e todos acreditavam que o segredo de sua grandeza estava em sua habilidade em falar com perfeição.

Certo dia, um jovem, cansado de ouvir sempre a mesma história sobre o poder das palavras, decidiu desafiar o orador. Ele o procurou e perguntou:

— Mestre, todos falam sobre o poder das suas palavras, mas tenho uma dúvida. Como uma pessoa comum, como eu, pode se tornar um grande orador?

O mestre sorriu e, em vez de responder de imediato, levou o jovem até uma colina, onde o sol começava a se pôr. Não disseram uma palavra enquanto observavam o horizonte, até que o mestre, calmamente, apontou para uma árvore solitária no topo da colina.

— O que você vê? — perguntou o mestre.

O jovem, sem entender a pergunta, respondeu:

— Uma árvore solitária, que parece forte e imponente contra o céu.

O mestre então se aproximou da árvore e, com um gesto simples, tocou sua casca. Para surpresa do jovem, a árvore começou a tremer suavemente, seus galhos começaram a se mover, como se ela estivesse respondendo ao toque.

— Você vê a árvore se movendo, mas não escuta nenhum som? — perguntou o mestre.

O jovem assentiu, confuso.

— A verdadeira comunicação não é feita somente com palavras, meu jovem. Ela é feita com a essência. A árvore, embora silenciosa, está se comunicando com o vento, com a terra, com a natureza ao redor dela. Ela não precisa de palavras para *transmitir sua mensagem. Cada movimento seu é um elo que conecta tudo ao seu redor.*

O mestre olhou nos olhos do jovem e continuou:

— A oratória é como essa árvore. As palavras são como os galhos, mas o poder real vem de sua intenção, da energia que você coloca ao falar, da conexão que você cria com os outros. O que você comunica vai além daquilo que você diz. Está na forma como você se expressa, na sua energia, na sua empatia. Quando você fala com o coração, suas palavras se tornam mais poderosas do que qualquer técnica ou domínio da língua.

O jovem entendeu finalmente que o verdadeiro poder da oratória não estava nas palavras em si, mas na capacidade de tocar as pessoas com a sinceridade, com a intenção, com o propósito. E, assim, ele aprendeu que a comunicação eficaz não depende apenas da habilidade de falar bem, mas de saber se conectar genuinamente com os outros.

Se você prestar atenção nos profissionais mais bem-sucedidos, vai perceber que todos eles têm algo em comum: sabem se comunicar bem. Pode ser um empresário apresentando sua ideia a investidores, um líder motivando sua equipe ou até mesmo um profissional defendendo sua visão em uma reunião.

A verdade é que não basta ser bom no que você faz, você precisa saber expressar isso.

A oratória não é um dom reservado para poucos. É uma habilidade que qualquer pessoa pode desenvolver — e quem domina essa arte tem um diferencial poderoso. Afinal, o conhecimento técnico e a experiência são importantes, mas é como você transmite suas ideias que pode abrir (ou fechar) portas na sua carreira.

Imagine duas pessoas com o mesmo nível de conhecimento. Uma delas consegue explicar suas ideias de forma clara, envolvente e segura. A outra se enrola, fala sem energia ou parece insegura. Qual delas você acha que será promovida primeiro?

A comunicação não se limita a apresentações formais. Ela está em tudo: na forma como você responde um e-mail, na clareza das suas mensagens, na sua postura em uma entrevista ou no tom de voz que você usa ao negociar um contrato. Saber falar bem não significa apenas impressionar os outros, significa conectar-se com as pessoas, inspirá-las e fazer com que confiem em você.

E não pense que isso se aplica somente a grandes líderes ou CEOs. Independentemente da sua área de atuação, como você se comunica influencia diretamente seu sucesso. Um vendedor precisa saber persuadir. Um professor precisa transmitir conhecimento de forma cativante. Um advogado precisa argumentar de maneira convincente. Até um programador que trabalha nos bastidores precisa saber explicar seu trabalho para a equipe.

Muita gente pensa que ser um bom comunicador é apenas falar bem, *mas a verdade é que a boa comunicação começa com a escuta*. Quem sabe ouvir com atenção compreende melhor as necessidades do outro, faz perguntas certas e responde de forma mais eficaz.

Além disso, a comunicação vai muito além das palavras. O tom de voz, a expressão facial e a linguagem corporal dizem muito sobre você. Um simples aperto de mão firme pode transmitir confiança, enquanto um olhar desviado pode passar insegurança.

Se comunicar bem não é um talento inato, é uma habilidade que pode (e deve) ser treinada. Se você quer se destacar, aqui estão algumas dicas para aprimorar sua oratória e sua capacidade de influência: seja claro e objetivo.

Ninguém gosta de ouvir discursos confusos ou longos demais. Antes de falar, organize sua ideia e vá direto ao ponto.

Pergunte-se: *"O que realmente importa aqui?"*

- **FALE COM SEGURANÇA:** como você fala é tão importante quanto o que você diz. Evite tons monótonos, use pausas estratégicas e varie a entonação para manter o interesse das pessoas.
- **CUIDADO COM A LINGUAGEM CORPORAL:** postura ereta, olhar atento e gestos naturais fazem toda a diferença. Sua linguagem corporal pode reforçar ou enfraquecer sua mensagem.
- **PRATIQUE A ESCUTA ATIVA:** preste atenção no que o outro está dizendo, faça perguntas e demonstre interesse. As pessoas se sentem mais conectadas a quem realmente as escuta.
- **TREINE SEMPRE QUE PUDER:** grave sua fala, ensaie apresentações e peça *feedbacks*. Quanto mais você pratica, mais natural e confiante se torna.

Quando você aprende a se comunicar melhor, não somente sua carreira cresce, mas também seus relacionamentos se fortalecem. Pessoas que sabem se expressar com clareza e empatia conquistam respeito, atraem oportunidades e criam conexões genuínas.

No mundo dos negócios, isso faz ainda mais diferença. Líderes que sabem inspirar são mais seguidos. Profissionais que sabem vender suas ideias são mais valorizados. Empresas que se comunicam bem conquistam clientes e se destacam no mercado.

Portanto, investir na sua oratória é investir no seu futuro. Leia livros sobre o assunto, assista palestrantes que te inspiram, faça cursos, treine sempre que puder. Porque, no final das contas, não basta ter boas ideias – é preciso saber compartilhá-las com o mundo.

Winston Churchill inspirou uma nação em guerra com suas palavras. Ele dizia: *"A coragem é o que é preciso para se levantar e falar, mas também é o que é preciso para sentar e ouvir."*

A BOA COMUNICAÇÃO COMEÇA COM A ESCUTA.

O BOM ATENDIMENTO

14

O JARDINEIRO

N*a Europa e nos Estados Unidos, a maioria das residências* *tem um belo gramado e diversos jardineiros autônomos para fazer aparos nesses jardins.*

Um dia, um executivo de marketing de uma grande empresa contratou um desses jardineiros. Chegando em sua casa, o executivo viu que estava contratando um jovem de apenas 15 anos, mas como já estava contratado, ele pediu para o garoto executar o serviço, mesmo estando indignado com a pouca idade.

Quando o garoto já havia terminado o serviço, solicitou ao executivo a permissão para utilizar o telefone da casa, e foi prontamente atendido. Contudo, o executivo não pode deixar de ouvir a conversa. O garoto havia ligado para uma senhora e perguntava:

— A senhora está precisando de um jardineiro?

— Não. Eu já tenho um — respondeu à senhora.

— Mas além de aparar, eu também tiro o lixo.

— Isso o meu jardineiro também faz.

— Eu limpo e lubrifico todas as ferramentas no final do serviço — disse ele.

— Mas o meu jardineiro também faz isso...

— Eu faço a programação de atendimento o mais rápido possível.

— O meu jardineiro também me atende prontamente!

— O meu preço é um dos melhores.

— Não, muito obrigada! O preço do meu jardineiro também é ótimo.

Desligando o telefone, o executivo disse a ele:

— Meu rapaz, você perdeu um cliente.

— Não — respondeu o garoto. — Eu sou o jardineiro dela, estava medindo o quanto ela estava satisfeita.

O **atendimento** é o coração de uma empresa; *deixe-o bater!*

A empresa e o profissional, conscientes da relevância de encantar seus clientes todos os dias e de criar sentimentos positivos em relação à sua marca, estão predestinados a dias de muito sucesso. Já a empresa que falhar nesse quesito e não compreender a importância de um cliente está predestinada a falhar. Todas as empresas prósperas que estão no topo sabem da importância de inovar, mas, principalmente, de manter bons atendimentos. O propósito de encantar e conquistar a lealdade dos clientes é o primeiro passo para qualquer profissional ser uma autoridade e referência. *O que você tem feito nessa questão?*

Na maior crise econômica dos últimos tempos, a pandemia do coronavírus, muitos empresários, funcionários e profissionais autônomos ficaram desesperados com os fechamentos temporários das suas empresas. Algumas, infelizmente, tiveram o fechamento definitivo, devido a esse caos generalizado por força maior que afetou praticamente todos os setores da economia. Nesse período, se discutiu ainda mais a relevância de manter os clientes fiéis à empresa. É em períodos como esses de crises que devemos ter a capacidade de mostrar para o cliente que você já conquistou, ou melhor, mostrar para aquela pessoa que já confiou em você o quanto você é grato e a considera importante para o seu projeto e para a sua vida.

Manter um cliente na sua empresa é igual a você construir um relacionamento com a pessoa que ama. Você não pode gastar todas as suas energias para conquistá-la e, depois, se tornar indiferente na manutenção dessa relação. Quem se torna indiferente faz o outro perder o interesse e, em algum momento, a relação vai esfriar. No mundo corporativo, o cliente vai embora e, se ele for embora com o sentimento de frustração, de não ter recebido a expectativa criada no início da compra do produto ou serviço, a necessidade que existia não vai deixar de existir, e ele vai procurar a solução na concorrência.

Jeff Bezos construiu a Amazon baseada em um princípio simples: *"O cliente não é importante, ele é a única coisa importante."*

Nós, como brasileiros, deveríamos estar acostumados com esses cenários de crises e incertezas que vivemos na nossa economia e já ter a consciência de valorizar o cliente que conseguimos conquistar.

Muitos profissionais dizem que sabem dessa importância, mas não demonstram isso na prática. Não entendem que cliente é cliente e deve ser tratado com respeito.

O melhor profissional, a melhor empresa, é aquela que entrega ao seu cliente mais do que o combinado, mais do que o esperado. É aquela em que o cliente ficará tão grato pelas surpresas positivas que fará questão de recomendar seus produtos e serviços para outras pessoas.

Você que é vendedor, que trabalha com público, mostre para quem você está atendendo o quanto ela é importante para você e sua empresa. Vendedores que não criam essa conexão vivem dando descontos, pois, não conseguem mostrar os reais valores dos produtos ou serviços que tem em mãos; vivem insistindo em abordagens (muitas vezes chatas e repetitivas) apenas repetindo as características de seus produtos, ou dos descontos que estão oferecendo, mas não conseguem criar o vínculo de confiança, pois ficam insistindo em abordagens robotizadas.

Não adianta você achar que tem o melhor produto, se você não tiver o melhor nível de atendimento.

Não adianta ficar oferecendo produtos e serviços com afobação no qual a pessoa não tem interesse; e não oferecer aquilo que realmente é relevante.

Para ser um bom vendedor e ser reconhecido pelo seu excelente trabalho, você precisa saber ouvir as necessidades dos clientes e saber a hora certa de argumentar e convencer com os seus produtos e serviços; sabendo pontuar com uma comunicação clara (sem ficar fazendo muita firula), todos os benefícios que está agregando para a vida da pessoa.

Na Newcastle, trabalhamos com algumas ferramentas que fazem as nossas metas de vendas se multiplicarem a cada ano, e o fator principal é a maneira como o nosso time entendeu a importância de criar essa relação. Em todos os setores, o objetivo principal é criar uma atmosfera saudável entre nossos alunos e todos os membros do nosso time, que, estando alinhados a essa mentalidade, contribuirão para a equipe comercial atingir cada vez mais clientes.

Quanto mais a empresa vende, mais oportunidades os funcionários têm de desenvolver suas carreiras. A Newcastle é a marca mais bem avaliada do segmento da região em que atuamos, pois conquistar e agregar valor à vida dos nossos alunos é a nossa principal missão.

A nossa essência não é somente ter uma metodologia de ensino dinâmica, diferenciada e atualizada, com os melhores profissionais — esses itens são obrigatórios para qualquer empresa continuar existindo. Nosso objetivo é proporcionar aos nossos alunos o estímulo e o ambiente em que eles se sintam motivados a frequentar e estudar o idioma inglês.

Por isso, buscamos sempre conscientizar a nossa equipe sobre a importância do atendimento e do relacionamento com cada aluno; que a cada nova matrícula é um novo relacionamento que está iniciando com a nossa escola.

As empresas com mais reclamações geralmente cometem falhas em duas situações:

➜ **PRIMEIRA:** não entregar o produto ou serviço vendido. O vendedor corre atrás do cliente, muitas vezes insiste na venda e, depois que o pedido é concretizado, esquece que aquele cliente existe.

➜ **SEGUNDA:** no péssimo atendimento do funcionário. Tratar o cliente com arrogância, não esclarecer dúvidas, criar algum constrangimento; enfim, várias situações que tiram a credibilidade do profissional e, consequentemente, da empresa.

Trabalhe para que seus clientes te procurem porque tiveram boas recomendações a seu respeito e não porque você é o mais barato.

Vou compartilhar uma história real com vocês.

Uma vez, atendi um cliente que estava solicitando um orçamento de curso de inglês em uma escola concorrente em Campinas (SP). Em determinado momento, esse cliente questionou o vendedor sobre a diferença da proposta de curso da escola que ele estava visitando com algumas outras do ramo. Entre essas, citou a Newcastle. Segundo esse cliente, a partir desse momento, o vendedor passou os próximos minutos em tom de arrogância, falando mal de todas as concorrentes e em especial da nossa escola; e começou a pressionar o cliente para efetuar a matrícula naquele momento, sem dar a chance de ir para casa pensar.

Tanta pressão para concretizar a venda que despertou no cliente uma opinião negativa em relação à forma de trabalho dessa escola; e esse cliente não realizou a matrícula e assim que terminou o atendimento, desceu a avenida para conhecer a Newcastle.

Por coincidência, naquele dia era eu que estava na escola e decidi fazer o atendimento, e a primeira informação que o cliente passou foi que necessitava estudar inglês, mas que acabava de sair com uma má impressão da escola que havia visitado. Falou que se sentiu bastante pressionado a fechar a matrícula e, por isso, já me avisou que gostaria apenas de conhecer a nossa metodologia, a qual o vendedor da concorrente havia tanto criticado.

Resumindo essa história: apresentei a nossa estrutura física e metodológica, inclusive o deixei conversar com alguns alunos que estavam na recepção esperando a aula começar; e, pegando esse gatilho, fiz uma abordagem com foco na necessidade que ele estava buscando. Em nenhum momento pressionei ou ofereci algum desconto para fechar a matrícula naquele momento, como em nenhum momento retribui os ataques que esse vendedor da concorrência fez em relação às outras escolas. Foquei apenas em mostrar todo o nosso diferencial sem citar o nome de qualquer concorrente.

O cliente, que, horas antes, se sentiu pressionado e desiludido com o atendimento da concorrência, ficou tão confiante e satisfeito com o atendimento que fez a matrícula imediatamente na nossa escola e passou uma lista de mais ou menos quarenta nomes de pessoas do seu ciclo de amizades. Dessa lista, nove pessoas fizeram a matrícula nos dias seguintes.

Isso porque ele entrou na Newcastle apenas para conhecer, depois de uma péssima impressão em outro lugar.

Essa é uma história real de tantas outras que tenho nesses anos todo vendendo curso de inglês, e mostra a importância de realizar um bom atendimento.

Um profissional da área de vendas tem que entender a importância de encantar pessoas, a importância de mostrar para o seu cliente o quanto ele é importante para o seu negócio e o quanto o seu negócio vai contribuir na vida dele.

Muitas vezes, não iremos ter uma segunda chance para causar uma primeira boa impressão.

O sucesso de uma empresa inicia no bom atendimento. Realizar atendimentos com excelência contribui para potencializar resultados. Conquiste a lealdade de um cliente e ganhe várias recomendações de novos clientes. A experiência que o seu negócio proporcionar na vida das pessoas vai definir se você vai continuar crescendo ou não.

Sortudo é o profissional que tem na sua lista de amigos, pessoas que conheceu como clientes.

Sam Walton, fundador do Walmart, disse: *"Só existe um chefe: o cliente. Ele pode demitir todos da empresa simplesmente gastando seu dinheiro em outro lugar."* Conquistar a lealdade de um cliente vale mais do que qualquer estratégia de vendas.

O
ATENDIMENTO
É O CORAÇÃO
DE UMA
EMPRESA;
DEIXE-O BATER!

SORRIA

15

Numa pequena cidade, havia um jovem atendente de *padaria. Trabalhava todos os dias discretamente, sem grandes expressões, sem sorrisos. Para ele, sua presença era insignificante. Afinal, um sorriso a menos ou a mais não mudaria nada no mundo.*

Certo dia, uma senhora entrou na padaria. Seu olhar estava baixo, como se carregasse o peso do mundo nos ombros. Ao receber o troco, suspirou e murmurou:

— Como faz falta ver um sorriso sincero hoje em dia...

Aquela frase ecoou na mente do atendente. No dia seguinte, quando a senhora voltou, ele fez algo que há muito tempo não fazia: sorriu. Um sorriso simples, mas genuíno.

A expressão da senhora mudou instantaneamente. Seus olhos, antes apagados, ganharam brilho. Um sorriso tímido nasceu em seu rosto, como quem reencontra algo precioso.

Naquela tarde, ao sair da padaria, ela sorriu para o porteiro do prédio. O porteiro, surpreendido, sorriu de volta e cumprimentou uma jovem que passava. A jovem, tocada pelo gesto, decidiu ligar para um amigo que não via há anos. E assim, um simples sorriso desencadeou uma corrente invisível de gentileza, percorrendo ruas, lares e corações.

O atendente nunca soube até onde seu sorriso chegou, mas, a partir daquele dia, entendeu uma verdade poderosa: um gesto pequeno pode transformar o mundo de alguém.

Sorria, você está sendo assistido, avaliado e julgado: e isso é o tempo todo.

Já teve a oportunidade de comparecer a um estabelecimento e ser recebido por uma pessoa que você ainda não conhecia e o atendimento que recebeu foi extremamente gratificante? Se você respondeu "sim", aposto que essa pessoa, além de ter lhe recebido com muito profissionalismo, uma das características dominantes nesse atendimento foram a simpatia e o sorriso.

O **sorriso** tem o poder de impactar muitas áreas e situações da sua vida e tem o poder de reverter situações negativas. Podemos escrever um livro completo sobre o poder do sorriso em influenciar vidas, mas aqui nos concentraremos em demonstrar a relevância dessa ferramenta.

No mundo corporativo, a arte de saber trabalhar sorrindo lhe torna uma pessoa mais carismática e fácil de lidar. Pessoas que têm essa qualidade e sabem o momento e a maneira correta de utilizá-la tendem a ter mais facilidades para conquistar um cliente e conduzir uma equipe.

Conseguem ter a habilidade de unir as pessoas e de construir um ambiente de trabalho positivo. Líderes carrancudos tendem a ter dificuldades de conquistar a lealdade de um time. Existem muitos sinais negativos que um rosto fechado pode transmitir e muitos sinais positivos que um sorriso pode transmitir.

O sorriso tem o poder de motivar pessoas.

Um dia me ensinaram que, como vendedor que fazia prospecção todos os dias, o cliente, antes de adquirir o meu produto, iria comprar o meu atendimento. Por isso, sempre foi importante ter *carisma* e *posicionamento* em uma abordagem.

Carisma para conseguir a atenção do cliente e posicionamento para não descaracterizar a sua abordagem, seu produto ou serviço.

Depois de tantos anos trabalhando com vendas, continuo acreditando nessa maneira de construir relacionamentos e como consequência grandes resultados. Vendedor rabugento, não vende com constância; pessoas com dificuldades em sorrir, têm dificuldades em se relacionar e essa barreira pode atrapalhar o desenvolvimento profissional de qualquer um.

> "Vista um sorriso e tenha amigos; vista uma careta e tenha rugas. Por que vivemos, se não, para tornar o mundo menos difícil, um para o outro?"
>
> **— George Eliot**

Em funções que lidam diretamente com o público, sorrir e tratar as pessoas respeitosamente, conduzindo o atendimento com carisma, trará benefícios significativos para conquistar o cliente. Além disso, qualquer experiência negativa que tenha com essa pessoa no futuro, geralmente ela estará mais disposta a dialogar para resolver o problema.

***

Comecei este capítulo fazendo uma pergunta positiva sobre atendimento, mas e o oposto?

Você já passou por alguma situação em que não gostou do atendimento, na qual você fez questão de reclamar da pessoa que te atendeu? Ou pior, não reclamou, mas nunca mais voltou no local?

Se você também respondeu "sim" a esta pergunta, tenho certeza de que a falta de empatia, a falta de um sorriso, também tenha prevalecido nesse atendimento.

Falar de sorrir pode até parecer um assunto clichê, sem importância, mas é o que diferencia o valor de mercado de um profissional.

Quero contar uma história que ocorreu com um "vendedor" da nossa equipe:

Um casal de clientes havia ido duas vezes na mesma semana conhecer o nosso curso de inglês. Tiveram excelentes recomendações, conheciam a nossa escola e gostaram muito da aula demonstrativa a que haviam assistido. Mas, em nenhuma das vezes, formalizaram a contratação do curso. Como o vendedor estava chateado e até um pouco bravo por não ter realizado essa venda, solicitou a minha ajuda, e eu entrei em contato por telefone com esse casal.

Agendamos para irem pela terceira vez na mesma semana, até a escola, e quando chegaram para conversar comigo na data e horário combinados, em torno de 25 minutos depois, os dois fizeram a matrícula, pagaram a inscrição à vista e compraram o combo do material didático no cartão.

Depois das vendas concretizadas, perguntei ao casal sobre as dúvidas que impediram a matrícula nas vezes anteriores. Ambos me responderam que não sentiram empatia por parte do vendedor. Ele havia explicado muito bem as características do curso, mas, pela maneira como conduziu o atendimento, não conseguiu encantá-los para concretizar a venda de imediato. Contaram também que aceitaram visitar a escola pela terceira vez porque sabiam da qualidade do curso, pois tiveram excelentes recomendações. A falta do sorriso, de criar uma conexão com empatia, quase fez o vendedor iniciante perder a venda. Isso mostra que, no momento do atendimento, não basta apenas ter um excelente produto: é preciso ter um excelente atendimento. Antes de o cliente comprar o produto, ele compra a conexão.

Faça do seu sorriso sua maior força; nosso caminho se torna muita mais fácil se colocarmos um sorriso no rosto! O sorriso vai lhe acompanhar na grande jornada da vida e vai ser o seu maior cartão de visitas, principalmente nos momentos em que você estiver em ação com seus clientes. Essa é a hora do *show*, o momento em que você vai subir mais um degrau no seu objetivo.

Esteja sempre disposto a encantar o seu cliente, e o sorriso é uma arma muito poderosa. Crie uma boa primeira impressão, mantenha essa boa impressão, e você perceberá que cada cliente tem grande potencial para se tornar um "vendedor" que trabalha no seu time, recomendando o seu trabalho para novos clientes.

Walt Disney dizia: *"Eu prefiro entreter e esperar que as pessoas aprendam, do que ensinar e esperar que elas se divirtam."*

O sorriso abre portas que nem a melhor estratégia consegue.

VENDAS

16

Era uma vez uma grande fábrica de calçados que, *ao traçar um ambicioso plano de expansão, decidiu explorar novos mercados e levar seus produtos para o continente africano — um território até então inexplorado pela empresa.*

Com a intenção de entender o potencial desse novo mercado, a diretoria de vendas selecionou dois dos seus melhores consultores e os enviou para diferentes regiões da África, com a missão de realizar estudos preliminares e observar o comportamento do público local.

Sem se comunicar entre si, cada consultor partiu com sua prancheta em mãos, olhos atentos e mente aberta — ou pelo menos assim parecia.

Algumas semanas depois, o primeiro consultor enviou um e-mail direto à diretoria:

"Chefe, cancele a operação. Aqui ninguém usa sapatos. Não há mercado para isso."

Dias depois, chegou o relatório do segundo consultor:

"Chefe, triplique a produção! Aqui ninguém usa sapatos... ainda! O potencial é imenso!"

Essa parábola esconde uma das maiores lições sobre mentalidade, liderança e visão empreendedora e mostra a diferença do profissional desbravador comparado ao "tirador de pedido". Diante dos mesmos fatos, o que diferencia os grandes dos medianos é a forma como escolhem enxergar.

Um viu ausência de mercado. O outro viu uma necessidade latente.

Um viu a cultura atual como um bloqueio. O outro viu a possibilidade de transformar essa cultura com educação e presença de marca.

Um desistiu. O outro acreditou.

Isso nos leva a uma reflexão profunda: quantas vezes deixamos passar oportunidades incríveis simplesmente porque nossa visão estava limitada pelas circunstâncias?

Quantas portas deixamos de abrir porque estávamos olhando para elas com os olhos do medo, e não da possibilidade?

Quantas ideias abandonamos por ver o terreno deserto, sem notar que, com a semente certa, ele poderia florescer?

A atividade mais importante de qualquer empresa é vender; sem isso, ela morre.

As maiores empresas do mundo respiram vendas, seja qual for a marca: Apple, Amazon, Meta, McDonald's e por aí vai. O que elas fazem é vender. Desenvolvem produtos ou serviços para vender.

Para bater metas e recordes de vendas, é preciso ter um bom produto, uma marca forte, estratégia, grandes profissionais e inovação. As empresas investem em tudo isso para vender.

Empresa que não tem cultura de vendas não vende e vai parar no cemitério. Não adianta eu falar de estratégias técnicas se você não tiver fome de vender, se você achar que vendas é uma função de quinta categoria.

O cemitério do fracasso é cheio de empresas que não vendem, cheio de gente, cheio de teoria, que adora ficar no ar-condicionado fazendo planilha, dando ordens, mas não vende nada.

Existe uma grande diferença no valor de mercado desses profissionais.

Vender não é apenas trocar um produto por dinheiro. Vender é uma arte, uma ponte entre sonhos e realidade, um ato de transformar vidas.

Todos somos vendedores, mesmo sem perceber. Vendemos ideias, influenciamos decisões, negociamos oportunidades. Quem domina a arte das vendas não somente cresce profissionalmente, mas conquista a liberdade de criar seu próprio destino.

Mas aqui vai uma verdade poderosa: vender não é sobre enganar, pressionar ou simplesmente convencer. Vender é entender, é servir, é resolver problemas. O vendedor de sucesso não empurra um produto; ele cria valor, ele constrói relações, ele entrega soluções que fazem a diferença.

Antes de vender qualquer coisa, você precisa vender a si mesmo.

Você confia no que faz?

Você acredita no que oferece?

Você tem paixão por ajudar as pessoas?

Porque se não acreditar, ninguém acreditará. Seu tom de voz, sua postura, seu brilho nos olhos transmitem mais do que qualquer discurso ensaiado.

Grandes vendedores não são apenas persuasivos.

Eles são autênticos.

Eles escutam mais do que falam.

Eles enxergam necessidades antes mesmo que o cliente as perceba.

Eles criam conexões profundas e genuínas.

Pense na última grande compra que fez. Talvez tenha sido um carro, um curso, um livro ou até uma experiência inesquecível. O que realmente te fez comprar? O preço? Ou o valor que aquilo agregaria na sua vida?

O vendedor que entende isso não compete por preço, mas sim por valor. Ele não disputa clientes, ele os conquista. Ele não precisa insistir, ele inspira a compra.

Steve Jobs não vendia computadores, ele vendia inovação e design. Walt Disney não vendia ingressos para parques temáticos, ele vendia magia e encantamento. **O que VOCÊ vende?**

Cada venda bem-feita gera um impacto. O corretor de imóveis não vende apenas casas, ele entrega lares. O profissional de seguros não vende apólices, ele vende proteção e tranquilidade. O consultor financeiro não vende investimentos, ele oferece segurança para o futuro.

Se você quer ser um vendedor extraordinário, pare de focar apenas em números e comece a focar em pessoas. O sucesso virá como consequência. Quem não aprender a vender seu trabalho, fica escravo para vender a sua hora. Vendedor tem que controlar a ansiedade. Vender não é ficar falando, vender tem muito mais a ver com ouvir do que falar.

O vendedor é um profissional que, todos os meses, é obrigado a acreditar no futuro para conseguir bater a meta. São pessoas que, a cada mês, têm que renovar suas estratégias, energia e esperança. São profissionais que se condicionam a buscar a vitória todos os dias; muito se ouve que o vendedor tem que "matar um leão por dia". São pessoas com fome e desejo de vencer. Na profissão de vendas não existe estabilidade: a garantia de resultados é condicionada ao empenho e dedicação de cada profissional.

Trabalhar com vendas é acordar chateado ou de mau-humor e, com a primeira venda do dia, conseguir mudar essa atmosfera e conseguir vender mais. Me lembro de diversas ocasiões em que eu fechava uma matrícula e aquilo mudava a energia e o astral do meu dia.

Vender é acreditar no impossível e alimentar a sua mente com essas crenças positivas; alimentar a sua mente com boas energias e vibrações.

Os melhores vendedores nunca acham que já sabem tudo. Eles estudam, se reinventam, observam tendências, aprendem novas estratégias. Eles entendem que conhecimento é a moeda mais valiosa no mercado. O maior capital intelectual que eu desenvolvi na minha vida foi a paixão por vender, pois é o setor que tem o poder de transformar qualquer empresa.

Vender bem não é um talento inato, é uma habilidade desenvolvida. E quem domina essa habilidade nunca fica sem oportunidades, porque sempre há algo a ser oferecido, sempre há alguém precisando do que você tem.

O verdadeiro poder das vendas está na sua capacidade de mudar a vida das pessoas. Ao fazer isso, você transforma a sua própria vida.

Agora eu te pergunto: *o que você tem vendido para o mundo?*

Zig Ziglar ensinava: *"Pare de vender e comece a ajudar." Quem resolve problemas não precisa empurrar produtos.*

MULTIPLIQUE SEUS TALENTOS

17

Em uma cidade repleta de comerciantes talentosos, *havia um artesão que fabricava móveis à mão. Seu trabalho era impecável, mas suas vendas começaram a cair. Os clientes buscavam novidades, enquanto ele insistia nos mesmos designs de sempre.*

Certo dia, um viajante parou em sua oficina e colocou uma maçã sobre a mesa.

— Você sabe o que isso representa? — perguntou.

— Apenas uma fruta — respondeu o artesão franzindo a testa.

O viajante sorriu.

— Há alguns anos, uma empresa chamada Apple decidiu desafiar tudo o que existia. Enquanto todos faziam computadores do mesmo jeito, eles inovaram. Criaram produtos mais simples, mais intuitivos, mais elegantes. E mudaram o mundo.

O artesão ficou intrigado. Passou a noite pensando e, no dia seguinte, começou a experimentar. Misturou novos materiais, reinventou designs, adicionou funcionalidades que ninguém esperava. No início, muitos duvidaram, mas quando lançou suas novas peças, clientes vieram de longe para comprá-las.

Assim como a Apple fez com a tecnologia, ele percebeu que inovação não significa apenas inventar algo novo, mas transformar o comum em algo extraordinário.

"A inovação faz a distinção entre um líder e um seguidor."

— Steve Jobs

Se você pode ver na sua mente, então você pode criar ou inovar. **Inovar** não é só criar algo novo, é mudar como enxergamos o mundo, questionar o que parece imutável e encontrar soluções onde ninguém mais viu. A inovação move a humanidade, transforma vidas e nos leva além dos limites que achávamos intransponíveis.

O primeiro passo para inovar é acreditar. Quantas ideias incríveis já morreram porque alguém duvidou de si mesmo? A inovação exige coragem para pensar diferente e disposição para fazer acontecer.

Se você quer inovar, precisa se arriscar. Não dá para esperar resultados novos fazendo tudo do mesmo jeito. O conforto é inimigo da criatividade. Teste, experimente, falhe, ajuste e tente de novo. A magia acontece no desconhecido.

Tudo o que você vê, tudo o que você toca, foi o pensamento de alguém que tirou essa ideia da teoria e a transformou em realização. Se você tiver uma imagem clara na sua cabeça do que vai acontecer, uma crença positiva na realização, não importa o obstáculo que apareça, isso vai acontecer. Colocar uma meta para realizar algo é iniciar o processo do invisível se tornar visível.

O pensamento é o primeiro nível da criação, em seguida vem a palavra, tudo o que você diz é uma energia expressa ao universo, em terceiro vem a ação de se movimentar.

> Napoleão Hill escreveu: *"O que a mente pode conceber e acreditar, ela pode alcançar." Quanto mais você desenvolve seus talentos, mais o mundo se abre para você."*

Cada pessoa nasce com talentos únicos. Alguns descobrem cedo suas habilidades, outros levam tempo para reconhecê-las. Mas o verdadeiro diferencial não está apenas em ter talentos — está em multiplicá-los.

O talento que não é desenvolvido, compartilhado ou aprimorado se perde no tempo. Quem se contenta em fazer somente o necessário pode até sobreviver, mas nunca irá brilhar. Já aqueles que inovam, que buscam aprender constantemente e que desafiam seus próprios limites, criam algo maior do que si mesmos.

Nas empresas, o mesmo princípio se aplica. Negócios que somente repetem fórmulas antigas podem ter algum sucesso, mas aqueles que inovam conquistam espaço, transformam mercados e criam legados. As grandes marcas e líderes que admiramos não chegaram ao topo apenas pelo que faziam bem, mas porque tiveram coragem de ir além, de testar o novo e de enxergar oportunidades onde outros viam obstáculos.

Inovação não significa apenas tecnologia ou grandes invenções. Inovar é pensar diferente, buscar soluções criativas e nunca se acomodar. É investir em pessoas, criar ambientes que estimulem o crescimento e valorizar aqueles que têm coragem de propor o novo.

No fim, a vida e os negócios pertencem a quem não tem medo de evoluir.

Quem multiplica seus talentos e abraça a inovação abre portas para um futuro onde o sucesso não é uma possibilidade, mas uma consequência natural.

Qual sonho ou visão você deseja que se torne realidade?

Se formos analisar as maiores empresas do mundo, desde as com mais de um século de existência até as mais recentes, todas em algum momento trouxeram algum tipo de inovação, facilidades para solucionar problemas de seus clientes, além de satisfação.

Como consequência disso, conquistaram uma boa parte do mercado e clientes apaixonados pelos seus produtos e serviços, os quais são os garotos propagandas dessas empresas.

Desde Henry Ford, que criou a produção de automóveis em massa, até a Uber, que é "detentora" da maior frota de carros do planeta sem ter comprado um veículo sequer, a inovação fala por si só. Estamos falando de empresas que criaram produtos ou serviços que vieram para agregar valor à rotina das pessoas, encontrando novas oportunidades.

Muitas empresas tiveram o poder de influenciar e transformar hábitos de milhões de pessoas ao redor do mundo. Elas mudaram a cultura de comportamentos através de seus produtos e serviços, e criaram campanhas de marketing agressivas que fizeram o consumidor mudar de hábitos.

O que quero demonstrar com o exemplo acima é que todas as inovações são criadas para serem benéficas e resolver problemas. Todas as pessoas procuram facilidades, relaxamento e prazer, sobretudo atualmente, onde, muitas vezes, com a correria da vida, vinte e quatro horas por dia parece não ser suficiente para cumprir todas as tarefas.

- ➜ **Quanto você atualizou e inovou seus conhecimentos nos últimos anos?**
- ➜ **Quanto você buscou tecnologias para divulgar seu trabalho?**
- ➜ **Quanto você conseguiu inovar com as pessoas que trabalham com você?**
- ➜ **Você sabe descrever as diferenças dos seus produtos ou serviços com os dos seus concorrentes?**
- ➜ **Você sabe apontar no que você e a sua empresa se destacam em relação aos demais?**

Fazer esse tipo de questionamentos é fundamental para você repensar com qual visão você trabalha; pois empresas que são inovadoras são formadas por pessoas que não se conformam com o padrão estabelecido pelo mercado, buscam a excelência em algo que já parece bom.

No século passado, foram as indústrias que revolucionaram a história do nosso planeta e transformaram a maneira como vivemos na sociedade; este século, estão sendo as empresas de tecnologias.

O que são o Facebook, Instagram e WhatsApp? Aplicativos de lazer, de negócios, ou as duas coisas? A geração deste século consegue viver sem esses três aplicativos que, há menos de vinte anos, não existiam?

A Meta Platforms (empresa controladora do Facebook) teve receita bruta anual de cerca de US$ 164,50 bilhões em 2024, conforme relatório oficial de resultado. A empresa conta com aproximadamente 74 mil funcionários. Isso mesmo, essa mídia social faz parte dos seletos grupos empresariais na lista das empresas com os maiores valores de mercado do planeta.

Uma empresa que nasceu pequena, mas que mudou o hábito de comportamento de bilhões de pessoas no planeta que todos os dias acessam as suas mídias sociais e utilizam o seu WhatsApp.

O que quero compartilhar é que não são apenas as grandes empresas que podem inovar. Uma empresa que está iniciando, para ser diferente, deve aplicar esse tipo de visão e mentalidade com seus profissionais, para desde o início mostrar seu diferencial e o quanto pode melhorar e agregar valor na vida de seus clientes. Busque realizar seu trabalho com excelência e crie sua identidade. Você pode alcançar grandes resultados atuando de maneira diferente dos seus concorrentes. Seja o pioneiro em inovar, mesmo que depois eles te copiem: cópia nunca vai ser igual ao original. Empresas como iFood, Netflix, Uber, Amazon e tantas outras já iniciaram trazendo facilidades, conforto e inovações.

Já contei neste livro um pouco da história de como a Newcastle começou, mas o nosso grande diferencial em relação aos serviços prestados foi que, desde o início, criamos um curso de inglês com uma carga horária de mais de trinta horas de aulas semanais. Enquanto as nossas concorrentes ofereciam de duas a três horas de aulas semanais, nossa metodologia já começava com foco na comunicação, horários de aulas flexíveis e valores acessíveis.

Logo nos primeiros meses, conquistamos centenas de alunos que começaram a recomendar a nossa escola para seus amigos; pois além de uma proposta inovadora, sempre buscamos ter um ambiente agradável e acolhedor com todas as tecnologias disponíveis para atender nossos alunos com excelência.

Hoje, a Newcastle Idiomas é a escola de inglês mais bem avaliada nas cidades em que temos uma unidade, é a marca mais premiada nos últimos anos, com certificação internacional e continua seguindo nessa mentalidade e crença positiva de inovar o tempo todo. Se a sua visão de trabalho não transforma o ambiente e não aumenta os resultados reais, ela não é inovadora. Não devemos ter medo das novas ideias! Elas podem significar a diferença entre o triunfo e o fracasso.

> "De fato, eu não fracassei 10.000 vezes para desenvolver um acumulador. Simplesmente, eu encontrei 10.000 maneiras que não funcionam."
>
> **— Thomas Edison (um dos maiores inventores da história)**

INOVAR É ENXERGAR OPORTUNIDADES ONDE OUTROS VEEM OBSTÁCULOS.

O PODER DA GESTÃO

18

Todos os dias, a girafa chegava cedinho na fábrica *na selva africana motivada para trabalhar. A girafa era produtiva e feliz; e sempre fazia o seu melhor para o grupo.*

O gerente elefante estranhou a girafa trabalhar sem um líder. Se ela era produtiva sem supervisão, seria ainda mais se tivesse uma liderança sobre ela. E colocou uma zebra, que preparava belíssimos relatórios e tinha muita experiência, como supervisora.

A primeira preocupação da zebra foi a de padronizar o horário de entrada e saída da girafa; logo, a zebra precisou de uma secretária para preparar os relatórios e contratou um antílope para organizar os arquivos e controlar as ligações telefônicas.

O elefante ficou encantado com os relatórios da zebra e pediu também gráficos com indicadores e análises para serem mostrados nas reuniões. A zebra, então, contratou o tucano para desenvolver esses gráficos, e comprou dois computadores de última geração. Logo, a girafa, que era produtiva e feliz, começou a se lamentar de toda aquela movimentação de papéis e reuniões burocráticas!

O elefante concluiu ser o momento de criar a função de gestor para a área onde a girafa, produtiva e feliz, trabalhava. O cargo foi dado a um leão, que mandou colocar carpete no seu escritório e comprar uma cadeira especial. O novo gestor logo precisou de um computador e de uma assistente, e contratou a leoa (sua assistente na empresa anterior) para preparar um plano estratégico de melhorias e um controle do orçamento para a área onde trabalhava a girafa, que já não estava motivada com o ambiente de trabalho.

O leão, então, convenceu o elefante de que era preciso investir em novos equipamentos e tecnologias para aumentar a produção da fábrica. Mas, o elefante, ao rever as finanças, se deu conta de que a unidade na qual a girafa trabalhava já não rendia como antes e contratou o macaco, um prestigiado consultor, muito conhecido, para que fizesse um diagnóstico da situação. O macaco permaneceu seis meses na contabilidade e emitiu um relatório com vários volumes que concluía: há muita gente nesta empresa!

E adivinha quem o elefante mandou demitir?

A girafa, claro, porque ela andava muito desmotivada.

Muitas pessoas perdem tempo demais em reuniões tentando identificar os problemas de uma organização. Perdem horas com questões burocráticas, mas, na hora de agir e mudar a energia do ambiente, faltam a atitude e a postura de um verdadeiro protagonista.

Não estou criticando as reuniões — elas são fundamentais para definir o caminho que a organização vai seguir. Mas, mais importante do que apenas identificar falhas, é o líder estar realmente disponível e engajado para conduzir sua equipe a dias melhores.

Não são apenas dados na tela de um computador que farão uma equipe produzir mais. Também não adianta oferecer bônus, prêmios ou falar em motivação se o líder não tiver sintonia com as pessoas que compõem a equipe.

Liderar não é somente delegar tarefas ou tomar decisões estratégicas. É saber lidar com pessoas, entender emoções e transformar desafios em oportunidades de crescimento. E, inevitavelmente, *onde há pessoas, há conflitos.*

O conflito não é o inimigo. Ele pode ser o combustível para a inovação, desde que seja gerenciado com inteligência. Grandes equipes não são feitas de pensamentos idênticos, mas de mentes que aprendem a respeitar as diferenças e a construir juntas.

O líder sábio não evita os conflitos — ele os transforma. Ele escuta antes de reagir, busca compreender antes de julgar e age com equilíbrio em vez de impulsividade. Não se trata de vencer discussões, mas de encontrar soluções que fortaleçam a equipe e o propósito comum.

Da mesma forma, quem sabe lidar com pessoas constrói pontes, não muros. Desenvolve empatia, aprende a reconhecer talentos e cria um ambiente onde todos se sentem valorizados.

O verdadeiro sucesso não é individual, mas coletivo.

No final, não é a ausência de conflitos que define uma equipe forte, mas a maneira como ela os conduz. E quem domina essa arte se torna não apenas um gestor melhor, mas um ser humano mais inspirador.

Líderes que realmente são exemplos são aqueles que resgatam pessoas que estão na escuridão e as ajudam a voltar a brilhar. Muitos, porém, cometem um erro nesse ponto: passam o tempo todo procurando falhas. Em seus discursos, buscam uma perfeição inatingível, mas não conseguem sequer construir um time verdadeiramente eficiente.

Seja o exemplo de tuas palavras, transformando-as em ações e haverá um momento em que não precisarás dizer nada sobre coisa alguma. Suas atitudes falarão por você.

Tudo que você prometer, cumpra, se acha que não pode cumprir, então não prometa, isso gera valor para o seu caráter e mais ainda para quem acredita em você. Se deseja ser reconhecido pelo seu caráter, nunca brinque com os sonhos de outra pessoa e honre a sua palavra.

Pessoas fortes não precisam apenas de uma liderança forte; precisam de pessoas que sejam exemplos fortes. Liderar pelo exemplo é ter respeito pelo compromisso que assumiu, é ter respeito com as pessoas e com os propósitos do time.

O respeito é um dos valores mais importantes do ser humano e tem grande importância na interação social, ele impede que uma pessoa tenha atitudes reprováveis em relação à outra, e isso, no ambiente corporativo, faz toda a diferença para uma gestão ter credibilidade.

Não pode ter medo de assumir as responsabilidades e consequências das decisões que tomou; é comum em pessoas com a mentalidade fraca, não assumir a responsabilidade dos seus atos, na política do nosso país vemos com frequência isso acontecer, porém, se você fizer isso em uma empresa, você vai estar se autossabotando.

Para conduzir uma orquestra, o maestro (líder) tem que estar de costas para o público e com total atenção aos movimentos dos músicos (sua equipe); enquanto conduz as ações do seu time, confiar para que eles tenham a sabedoria de realizar suas ações e movimentos para o espetáculo acontecer.

O maestro, para conseguir ter êxito, tem que praticar todos os princípios de liderança, sendo o exemplo da sua equipe. No mundo corporativo, o mesmo; e isso só acontece quando existe confiança e lealdade mútuas.

Liderar pelo exemplo é tão poderoso que, quem não quer estar junto, acaba se sentindo constrangido de permanecer no ambiente. Não se trata de impor os objetivos da equipe, mas de despertar a vontade de fazer; é inspirar no outro a coragem de realizar coisas grandiosas e compartilhar os méritos dos resultados com todos.

Nada é tão contagioso como o exemplo.

O verdadeiro líder transforma o próprio exemplo em uma inspiração de vida para seus colaboradores. Se prometeu, cumpra; se falou, assuma; se errou, corrija; se se enganou, reconsidere. E, acima de tudo, em cada atitude que tomar, jamais corrompa seus valores.

A melhor maneira de você aprender a liderar e ser reconhecido pelo exemplo é antes você se dispor a servir. Aprender servindo na prática é a melhor maneira para aprender a liderar pelo exemplo.

Peter Drucker disse: *"O que pode ser medido, pode ser melhorado"*

Gestão não é sobre controle, é sobre evolução.

O
RESPEITO É
UM DOS
VALORES MAIS
IMPORTANTES
DO SER
HUMANO.

APREN DIZAGEM

19

***C*erta vez, um andarilho que tinha o sonho de ser a** *pessoa mais inteligente do mundo, se mudou para uma caverna nas montanhas para aprender com um mestre. Ele lhe disse querer aprender tudo que havia para saber. O mestre então entregou-lhe pilhas de livros e o deixou a sós para poder estudar. Todas as manhãs, o mestre ia à caverna inspecionar o progresso do andarilho; levava junto contigo uma pesada vara que servia como punição para as respostas erradas; e todas as manhãs fazia ao andarilho a mesma pergunta:*

— Já aprendeu tudo?

E a resposta do andarilho sempre era a mesma:

— Não, ainda não.

O mestre então batia com a vara na cabeça do andarilho.

Isso se repetiu por semanas; até que, em um determinado dia, o mestre entrou na caverna, fez a mesma pergunta e ouviu a mesma resposta; mas quando levantou a vara para bater da mesma forma na cabeça do andarilho, ele agarrou a vara antes que tocasse sua cabeça.

Aliviado por evitar a surra do dia, mas com medo de represália, o andarilho olhou para o mestre e, para sua surpresa, o mestre sorria.

— Parabéns! Você se formou. Agora sabe tudo que precisa saber — disse ele.

— Como assim? — Perguntou o andarilho.

— Você aprendeu que nunca aprenderá tudo que há para saber, mas aprendeu como parar a sua dor.

Segundo a ciência, **aprendizagem** é o processo pelo qual as competências, habilidades, conhecimentos, comportamentos e valores são adquiridos ou modificados, como resultados de estudo, experiência, formação, raciocínio e observação.

A maneira mais poderosa de você conhecer os seus limites e desenvolver o seu potencial é se permitir a aprender uma lição em todas as situações da sua vida, sejam elas positivas ou negativas.

Sucesso e fracasso caminham lado a lado. Toda pessoa que já conquistou grandes resultados na vida aprendeu com os próprios erros e, de fracasso em fracasso, construiu histórias grandiosas que hoje nos inspiram.

Como disse o maior jogador de basquete de todos os tempos, Michael Jordan:

"Errei mais de 9.000 cestas e perdi quase 300 jogos. Em 26 diferentes finais de partidas, fui encarregado de jogar a bola que venceria o jogo... e falhei. Eu tenho uma história repleta de falhas e fracassos em minha vida, e é exatamente por isso que sou um sucesso."

Na maioria das profissões, ter um ou dois diplomas não é garantia de sucesso. Todos os profissionais *"tops"*, todos os profissionais reconhecidos no mercado, são pessoas que têm o hábito de sempre estar buscando novos conhecimentos e novas qualificações, principalmente de competência emocional, além de mentores e especializações em suas profissões.

Estar buscando o conhecimento é estar em constante evolução, é de sua responsabilidade criar a atmosfera e a realidade do mundo em que você deseja viver.

Se você chegou nesta etapa do livro, consegue avaliar quais foram os aprendizados que você teve até aqui?

O processo de desenvolvimento e aprendizagem pode durar uma vida inteira e é indispensável para a evolução humana. A pessoa que não demonstra disposição para aprender e desenvolver novas aptidões está assinando um atestado de conformismo para uma vida limitada. A postura defensiva diante da vida é uma das piores atitudes que uma pessoa pode cometer, pois, dessa forma, não haverá desenvolvimento e progresso.

Seus aprendizados refletem o seu estado de consciência. Muitas pessoas são intolerantes com os erros dos outros, mas esperam tolerância quando cometem seus próprios erros — justamente essas são as que mais precisam estar dispostas a aprender.

Uma pessoa inteligente resolve problemas; uma pessoa sábia os previne. Aprender é saber lidar com as pressões diárias e compreender que, muitas vezes, o que faz diferença é a forma como enxergamos a situação — se o copo está meio cheio ou meio vazio.

Seus maiores êxitos podem nascer das suas derrotas, pois são elas que o impulsionam a buscar o que faltou para tentar novamente.

Nenhuma pessoa atingiu sucesso valioso, sem que tenha passado por situações de fracasso, e foram através deles que alcançaram o aprendizado necessário para performar.

O sucesso, geralmente, vem para as pessoas que estão ocupadas demais trabalhando por ele.

Cuide para que dez anos de experiência, não seja um ano repetido dez vezes.

A posição em que você se encontra hoje não define onde você pode chegar. A seguir, segue uma história real de uma pessoa que deixou o seu legado neste planeta.

A CARTA EMOCIONANTE ENVIADA PELO PROFESSOR DE THOMAS EDISON À SUA MÃE

Certo dia, Thomas Edison chegou em casa com um bilhete para sua mãe.

Ele disse: "Meu professor me deu este papel para entregar apenas a você, mamãe."

Os olhos da mãe lacrimejavam ao ler a carta, ela resolveu ler em voz alta para seu filho:

"Seu filho é um gênio. Esta escola é muito pequena para ele e não tem professores ao seu nível. Por favor, ensine-o você mesma!"

Depois de muitos anos, Thomas Edison veio a se tornar um dos maiores inventores do século.

Após o falecimento de sua mãe, quando estava arrumando a casa, viu um papel dobrado no canto de uma gaveta. Para sua surpresa, era a antiga carta que seu professor havia mandado para sua mãe, porém o conteúdo era diferente do que sua mãe leu anos atrás e dizia:

"Seu filho é confuso e tem problemas mentais. Não vamos deixá-lo vir mais à escola".

Edison chorou durante horas e então escreveu em seu diário: "Thomas Edison era uma criança confusa, mas graças a uma mãe heroína e dedicada, tornou-se o gênio do século."

Ou você diminui os seus sonhos, ou aumenta as suas habilidades. A escolha é sua.

Pense nisso e viva melhor. Adote o hábito de se questionar se o que está fazendo hoje o aproxima da vida que deseja. Adquirir conhecimento é o maior investimento — e o maior bem — que alguém pode fazer por si mesmo.

Lembre-se: só os tolos acreditam saber tudo; o sábio aprende algo novo todos os dias.

O conhecimento adquirido ninguém tira de você.

Leonardo da Vinci dizia: *"Aprender nunca esgota a mente."*

O segredo dos grandes é que eles nunca param de aprender.

ACREDITE NO INVISÍVEL

20

“Peçam, e lhe será dado; busquem, e encontrarão; batam, e a porta lhe será aberta. Pois todo que pede, recebe; o que busca, encontra; e aquele que bate à porta, a porta será aberta.”

(Mateus 7:7-8)

Essa passagem bíblica, mostra o verdadeiro poder daquele que crê; daquele que tem a verdadeira fé; da pessoa que é obediente e capaz de acreditar no invisível; de não se corromper ou desviar os seus valores mesmo que esteja enfrentando dias difíceis; de continuar persistindo no caminho do propósito que escolheu; pois sabe que para conquistar o que merece, tem que ter disposição para enfrentar as tempestades e acreditar na visão de futuro; tem que ter paciência e persistência; e para tudo isso é necessário ter fé.

Recomendo a todos, antes de começar o dia, tirar um momento para ver todas as bênçãos que já tiveram na vida. Tire um tempo para agradecer, pois, muitas vezes, enfrentamos grandes dificuldades ao longo do dia e lembrar de todas as conquistas vão te fazer encarar as dificuldades com mais calma. Lembrar todos os motivos e de quanto é importante ter determinação para alcançar os seus objetivos.

Você tem o poder para conquistar qualquer coisa que desejar, mas para isso, tem que ter a disposição de se preparar e de conquistar as suas metas, indo de degrau em degrau, sem pular etapas; e sempre acreditar fortemente no seu poder de realização, sendo obediente aos sinais de Deus.

Espero de verdade que, quando você concluir a leitura deste livro, você já tenha tomado as decisões necessárias que vão guiar a sua vida; e entenda que a sua vida está na sua mão. Você tem o poder de escolher o caminho que deseja trilhar.

Se você é uma pessoa com saúde, tem pessoas que te amam, uma casa para morar e alimento na sua mesa, você já é abençoado.

E acredite: você tem uma vida que milhões de pessoas não tiveram a oportunidade de ter. Aproveite essa vantagem e lute pelos seus sonhos. Abasteça o poder da sua fé, conheça sua força interior e permita-se ter uma visão clara sobre você e sobre a sua vida — o que precisa mudar e onde deseja chegar.

Tenha coragem para enfrentar seus medos, determinação e persistência para seguir em frente, e fé em Deus para guiar seu caminho e os seus propósitos.

Acredite na sua visão de futuro, mesmo que, aos olhos dos outros, ninguém consiga enxergar, mas no seu interior esse sentimento e essa visão já têm que estar enraizado. Visualize conquistando aquilo que deseja e se permita viver esse momento.

Tenha gratidão por estar iniciando mais um dia, que pode trazer grandes chances de realizações. Acredite que toda dificuldade é passageira, que dias melhores virão e que, se existe alguém que estava travando a sua vida, essa pessoa é você.

Nunca terceirize a responsabilidade para o outro. Por mais que outras pessoas possam ter te prejudicado ou não tenham tido atitudes corretas com você, busque a sua força na palavra de Deus e siga em frente. Pois, com certeza, você encontrará a sabedoria para lidar com a situação.

A fé tem o poder de abastecer os seus sonhos e, ao mesmo tempo, te dar equilíbrio na condução dos seus projetos.

Esqueça a perfeição, busque a performance com equilíbrio. Como todo ser humano, você vai ter dias bons e dias ruins e está tudo bem. Tenha liberdade para fazer as suas escolhas, coisas incríveis acontecem quando temos satisfação na profissão em que ganhamos o nosso sustento.

A partir de agora, nunca mais se permita fazer o papel da Alice, no conto *Alice no País das Maravilhas*, na cena em que ela está perdida e pede ajuda ao gato.

Nessa cena, o gato pergunta para onde Alice deseja ir, e ela responde que não sabe. Então, o gato responde:

Para quem não sabe aonde vai, qualquer lugar serve.

Comece a sua transformação refletindo em tudo que você fez até aqui; qual a imagem e mensagem que você transmitiu até o momento, para seus familiares, amigos, para a sua empresa, seus colegas de trabalho e principalmente seus clientes.

De qual maneira essa postura e mentalidade refletiu nas suas ações?

Depois que você obtiver essas respostas, defina qual vai ser o seu plano daqui para frente e de que maneira você vai se comportar com os seus objetivos.

Reflita sobre seus hábitos, suas palavras, mas principalmente sobre as atitudes que tomamos quando estamos no modo automático. Precisamos enxergar para onde nossos olhos estão voltados. Muitas vezes, pela pressão do dia a dia, vemos coisas sem realmente enxergá-las, porque não estamos atentos nem concentrados — estamos apenas vendo. A partir do momento em que começamos a enxergar onde estamos falhando, o progresso tem início.

São em pequenos passos que se constroem histórias grandiosas. Um dos princípios para você ser uma pessoa próspera é ter gratidão — mas não aquela expressada de forma automática a cada cinco minutos, quando tudo o que você responde é "gratidão" em vez de "muito obrigado". Deve-se, verdadeiramente, aprender e sentir esse sentimento, a ponto de enxergar e compreender os ensinamentos que a gratidão traz para a vida: agradecer a Deus todos os dias por tudo que Ele proporcionou.

Inclusive agradecer aos obstáculos e às frustrações, pois esses são os melhores professores da vida, que nos ajudam a amadurecer. Enquanto muitas pessoas focam naquilo que lhes falta, quem entende a importância da gratidão valoriza aquilo que tem.

Ser grato é enxergar o quanto Deus já agiu a seu favor, te protegendo de situações negativas e colocando novas oportunidades para você começar de novo. Estou pedindo para você refletir em tudo de valor que a vida te deu e que você não venderia por dinheiro algum.

A pior coisa que uma pessoa pode fazer é suplicar por ajuda para sair de uma situação negativa ou pedir novas oportunidades para recomeçar a vida, e, quando isso se realiza, achar que agiu sozinha, que o mérito é único e exclusivo dela.

Tem coisas que o dinheiro não compra e uma delas é ensinar a ser grato.

Ser grato nos momentos fáceis é tranquilo, mas quem de fato exerce esse sentimento consegue ter maturidade e consciência de praticar nos dias difíceis.

Tem uma passagem bíblica que expressa bem essa mensagem.

> "Enquanto Jesus estava indo para Jerusalém, passou pelo meio da Samaria e Galiléia; e, entrando numa certa aldeia, foram ao seu encontro dez homens leprosos, que pediam por misericórdia para que Jesus o ajudasse. Dez leprosos foram curados por Jesus, mas somente um voltou e este era Samaritano. A gratidão foi reconhecida somente em um leproso, pois somente este voltou para agradecer. Os outros nove pediram misericórdias, mas não exerceram a gratidão de terem sido curados."
>
> **(Lucas 17:12-16)**

Essa passagem mostra muito bem que ter gratidão é um sentimento nobre que poucos desenvolvem, enquanto a ingratidão é sabotadora. Pessoas ingratas são rancorosas, mimadas e infantis; olham apenas para o próprio umbigo sem se importar com o sentimento do outro; não reconhecem a ajuda que receberam e sempre querem estar no centro das atenções como vítimas dos problemas que elas mesmas criam. E, geralmente, quando vão receber um conselho de alguém que já lhes estendeu a mão, sentem-se ofendidas.

Pessoas ingratas são estúpidas, com comportamentos ridículos e difíceis de agradar; não conseguem ter calma, pois estão sempre cultivando sentimentos negativos em relação a outras pessoas, sentem-se perseguidas e vítimas do que acontece. Na maioria das vezes, transferem a responsabilidade para outros e vivem apenas o presente. Geralmente, essas pessoas são assim porque usam outros que as protegem, servindo de escudo emocional.

A dor machuca, mas muitas vezes é necessária para a pessoa começar a amadurecer e dar valor a tudo que tem e começar a crescer. A gratidão são as atitudes mostradas por aquele agraciado, favorecido por alguém. Não é somente uma palavra bonita, ou um sentimento comum, como muitos dizem. Viver a gratidão nutre um sentimento por aquele que te ajudou de amor e respeito e deve ser mostrado com ações verdadeiras. Caso contrário, esse sentimento não é verdadeiro.

Quantas vezes na sua vida, você recordou das pessoas que você já ajudou, mas esqueceu de quem já ajudou você?

Praticar a gratidão e praticar o perdão vai libertar seu coração e sua mente, colocando-o num caminho de vitórias, além de alimentar sua fé para desenvolver sua força interior. Primeiro, deve vir a evolução do homem (a evolução espiritual, a mudança de *mindset*) para depois pensar em conquistas materiais. A vida é frágil; alimente suas crenças com aquilo que de fato tem valor.

Quanto ao caminho que você vai traçar para conquistar a alta performance, esteja ciente de que as falhas são necessárias para o nosso desenvolvimento. Quando for traçar uma meta, foque no melhor resultado, mas esteja preparado para o pior. Não adianta traçar um plano de desenvolvimento profissional imaginando somente um caminho; tente ter uma visão ampla, pois, quando erramos, levamos tempo para reorganizar aquilo que planejamos. Mas é através desses erros que fortalecemos nossa visão e nossas atitudes para o caminho correto. É fundamental se planejar, pois, além de ser um guia para seu desenvolvimento, um plano permite prevenir futuros obstáculos que possam surgir.

Em Mateus (7:24-27), Jesus narra a importância de você ter fé e ser obediente e fiel aos seus propósitos e ensinamentos. Não perca tempo com pessoas falhas, se você quer ser uma pessoa melhor, siga a Jesus.

> "Portanto, quem ouve estas minhas palavras e as pratica é como um homem prudente que construiu a sua casa sobre a rocha.
> Caiu a chuva, transbordaram os rios, sopraram os ventos e deram contra aquela casa, e ela não caiu, porque tinha seus alicerces na rocha.
> Mas quem ouve estas minhas palavras e não as pratica é como um insensato que construiu a sua casa sobre a areia.
> Caiu a chuva, transbordaram os rios, sopraram os ventos e deram contra aquela casa, e ela caiu. E foi grande a sua queda."

Abasteça constantemente a sua fé; nunca corrompa os seus valores e escolha sempre caminhar pelo que você acredita ser o certo. Somos o que repetidamente fazemos, a excelência, portanto, não é um feito e sim um hábito.

”

A FÉ TEM
O PODER DE
ABASTECER OS
SEUS SONHOS
E, AO MESMO
TEMPO, TE DAR
EQUILÍBRIO.

AGORA É COM VOCÊ

21

O MENINO QUE PREGAVA PREGOS

Havia um menino que tinha um temperamento difícil. *Seu pai deu-lhe um saco de pregos e disse-lhe que, a cada vez que perdesse a paciência, pregasse um prego na cerca dos fundos de sua casa.*

No primeiro dia, o menino pregou 40 pregos na cerca; no segundo, 26 pregos na cerca e no terceiro, 20 pregos na cerca.

Então foi diminuindo gradualmente. Ele descobriu que era mais fácil conter seu temperamento do que todos os dias ir bater pregos na cerca.

Finalmente chegou o dia em que o menino não perdeu mais a paciência.

Ele contou isso ao seu pai, que sugeriu que agora o menino tirasse um prego da cerca para cada dia que ele conseguisse conter seu temperamento.

Os dias foram passando e o menino pôde, finalmente, contar ao seu pai que não havia mais pregos na cerca.

O pai segurou o filho pela mão, levou até a cerca e disse:

— Você fez muito bem, meu filho, mas veja os buracos na cerca. A cerca nunca mais será a mesma. Quando você fala alguma coisa com ódio, elas deixam uma cicatriz como essa.

Essa reflexão nos ensina a importância de termos consciência nas atitudes que praticamos nos nossos dias; e que qualquer pessoa, se tiver interesse e boa vontade, consegue se desfazer de velhos hábitos sabotadores, para criar novos hábitos que trarão equilíbrio e prosperidade.

Consciência é um sentimento que permite ao ser humano vivenciar, experimentar ou compreender aspectos, ou a totalidade do seu mundo interior. É um assunto muito pesquisado na filosofia da mente, psicologia, neurologia e ciência cognitiva.

Um hábito é uma rotina de comportamento, que se repete regularmente e tende a ocorrer subconscientemente.

Se você chegou até o final deste livro, PARABÉNS! Isso mostra que você já está na direção correta e faz parte de um seleto grupo de pessoas disciplinadas, que realizam aquilo a que se propõem. Muitos desejam crescer, mas poucos de fato se esforçam para isso. Desistir é muito mais fácil do que persistir.

Todo o conteúdo apresentado neste livro são resultados de exemplos práticos do mundo real.

Vivemos em um mundo onde a maioria deseja resultados imediatos e, muitas vezes, na ansiedade para conquistarem, buscam atalhos em vez de buscarem conhecimentos; como diz a frase:

Se atalho fosse bom, seria chamado de caminho e não de atalho.

Se você quer chegar ao seu mais alto nível de conhecimento e realizações, precisa ter disposição para descobrir o verdadeiro valor que existe em você. É necessário ter disciplina e dedicação para executar as tarefas que vão fazer você subir de nível – sem reclamações. Pessoas que realizam o extraordinário não perdem tempo com as "choradeiras da vida"; em vez disso, focam no que precisa ser feito.

Se analisarmos exemplos de atletas de alto nível, talvez quem não é atleta não tenha a dimensão da carga de treinamentos, da disciplina, do descanso controlado e das privações de momentos pessoais a que essas pessoas se submeteram ao longo da vida, até chegarem ao nível em que estão.

E no mundo do empreendedorismo não é diferente; pessoas que começaram do zero e conquistaram o reconhecimento do mais alto nível, tiveram que ter muita disciplina, persistência, crença no invisível, disposição para trabalhar 12, 15, 18 horas por dia, durante muito tempo e assumir o controle e consequência das suas decisões.

Acreditar que alguém venceu na vida por "sorte" é olhar apenas o superficial. Falar de sorte é tirar o mérito de uma pessoa vitoriosa que enfrentou diversas situações e mesmo nos momentos mais difíceis, onde pensaram em desistir, não perderam a sua fé e se permitiram tentar mais uma vez. Essa força só aparece quando existe um propósito definido; vão ser nas adversidades que você vai ter a chance de descobrir o poder da sua força interior e colocar em prática as características de pessoas vitoriosas, como: *disciplina, foco, fé, resiliência, coragem, superação, motivação, persistência* e tantas outras, desenvolvidas em momentos que desistir não é uma opção.

Não dê tanta importância às opiniões dos outros e não espere que pessoas que não vivem o seu mundo entendam seus motivos e sacrifícios, principalmente se essas opiniões forem superficiais, vindas de quem está na plateia assistindo você no palco.

Essas pessoas não têm a mesma visão que a sua.

Mantenha por perto quem te inspire a crescer, intelectual, espiritual e emocionalmente.

➜ **Se você não tomar essa decisão hoje, quando vai ser?**

➜ **Se não for você, quem vai ser?**

Chegou a hora de você dar um basta e parar com a enrolação.

Em muitos campos da sua vida, você ficou estacionado por não ter tido a iniciativa ou a coragem de tomar as decisões corretas para o seu crescimento e desenvolvimento.

Não se permita mais ficar apenas assistindo às coisas acontecerem. Hoje é o momento de recomeçar, de ser nobre, leal e honrado consigo mesmo — é o mínimo que se espera de uma pessoa que merece reconhecer o próprio valor.

Para você construir a sua estrada, terás que caminhar apesar da distância, vencer apesar dos obstáculos, sonhar apesar das desilusões, sorrir apesar das angústias e acima de tudo continuar acreditando.

Como disse Henry Ford: *"Há mais pessoas que desistem do que pessoas que fracassam".*

Não se inclua nas estatísticas dos que desistem de seus sonhos, senão todo o conteúdo apresentado aqui não terá servido para nada.

Respeite o tempo de Deus e mantenha a motivação para o bom combate. É muito mais nobre fracassar do que desistir.

O verdadeiro guerreiro é aquele que luta pelo que acredita; e, quando cair, aprende com os erros, revê a rota e continua acreditando em si mesmo. Não deixe que os fracassos matem seus sonhos nem suas crenças em dias melhores.

Pessoas vistas como vitoriosas não esperam as oportunidades aparecerem, elas sabem que oportunidades são criadas pelas circunstâncias que elas mesmas se colocam; enquanto o preparado consegue enxergar as oportunidades nos detalhes, os despreparados e sem propósitos visualizam apenas as dificuldades que terão que enfrentar e na maioria das vezes é por isso que não agem. É mais fácil enganar-se inventando histórias mentirosas para se convencer da falta de atitude, ao invés de assumir a responsabilidade de agir de forma responsável.

A falta de visão e conhecimento pode levar à ruína. Para muitas pessoas, viver pode ser a coisa mais rara do mundo, pois aceitam as condições que a vida lhe impõe; sem ter gana de lutar para mudar a própria realidade.

O sucesso depende da entrega — não existe fórmula mágica para alcançar os seus objetivos.

O descontentamento é o que o leva à evolução.

A verdade é que você se torna a pessoa que quer ser e, todos os dias, ao abrir os olhos, tem o poder de decidir quem você é e como vai se comportar.

Lembre-se: você é do tamanho dos seus sonhos. Esteja protegido contra as influências externas, não se deixe contaminar por energias negativas, mantenha a calma e tenha controle em todas as situações. Quem não vence detesta ver você vencer. Quem não realiza vai detestar ver você realizando. É exatamente por isso que você precisa ouvir suas vozes internas e selecionar com muito cuidado as influências que permitirá em sua vida. Esse poder é somente seu; e é você quem decide quem vai influenciar a sua vida.

Em relação aos dias difíceis que você vai ter daqui para frente, fique tranquilo e, se nada der certo, agradeça a Deus por mais um dia e tente novamente no dia seguinte. Deus te prepara nas dificuldades, para você se tornar quem precisa ser. Para vencer, você precisa se manter firme, tem dias difíceis, mas a perseverança faz as pessoas se fortalecerem e, depois da vitória, o reconhecimento pela conquista compensa.

Inspirar é maior do que motivar — é algo raro, que não se encontra em qualquer lugar.

Motivar é produzir motivos nas outras pessoas, e hoje isso já é algo extremamente valioso. Mas, por trás de todo vitorioso, existe alguém que já duvidou de si, cometeu erros, quebrou a cara e achou que não ia conseguir.

A diferença é que essa pessoa se manteve firme, seguiu em frente e fez acontecer.

Em vez de focar nos seus erros, aprenda com eles e aprimore suas aptidões para não cometê-los novamente.

Lembre-se também das vitórias que já conquistou. Recordar suas conquistas é essencial para reconhecer o seu valor — sim, existe um grande valor dentro de você.

Inclua na sua rotina hábitos de pensamento e comportamentos saudáveis. Viva e escreva a sua história com autoridade. Encare seus medos: a pessoa que nunca cometeu erros nunca tentou aprender algo novo.

Ou você muda de verdade agora, ou tudo vai voltar a se repetir.

Na vida, não existe uma linha reta que faz as pessoas descobrirem os seus propósitos. Nessa estrada, existem curvas e vários obstáculos. Esteja atento e aberto às mudanças de rota. Por isso, é importante se preparar, pois apenas esforço sem preparo não fará você enxergar a direção correta. Prepare-se e continue se esforçando: você vai perceber a diferença nos seus resultados. Mantenha seu foco na sua missão. Se tiver dificuldades, tenha humildade para pedir ajuda e disposição para aprender coisas novas. Ninguém é bom em tudo — e essa é a magia da vida. Pessoas precisam de outras pessoas para aprender e se desenvolver.

Faça sempre mais do que o combinado. Surpreenda! Entregue mais esforço, dedicação e comprometimento. Além de ser reconhecido, você estará diariamente atraindo boas energias para a sua vida. Só colhe o sucesso quem tem disposição de plantar e, quando esse momento chegar, você vai sentir o sabor doce da realização. Vai perceber o quanto valeu a pena acreditar em você mesmo e nos seus sonhos.

Tenha energia e disposição para ensinar os jovens, assim como humildade para aprender com os mais experientes. Não fique triste quando receber uma crítica. Filtre o que ouviu e aprenda com ela.

Uma das coisas mais relevantes que aprendi no empreendedorismo é que os clientes insatisfeitos são as maiores fontes de crescimento e aprendizado que uma companhia pode ter. Quando temos humildade para ouvir uma reclamação e disposição para resolver o problema, conseguimos subir de nível e ajudar outras centenas de pessoas com essa evolução.

E isso também vale para a vida pessoal.

Fique longe de pessoas negativas, elas têm um problema para cada solução.

Deus vai transformar o seu choro em sorriso, a sua dor em força e o seu sonho em realidade; mas para isso acontecer, você tem que ter fé.

Coloque em prática os princípios compartilhados neste livro, porque tentar adquirir experiência somente com a teoria é igual a matar a fome lendo o cardápio.

Gere valor para as pessoas, seja a pessoa que coopera com o ambiente, nunca sabote a sua empresa e seja leal a quem lhe deu oportunidade. Transmita sempre mensagens positivas e não deixe nas mãos do destino o seu futuro; seja sempre o senhor das suas ações com consciência e responsabilidade e colha os frutos das suas escolhas. Crie hábitos que vão transformar a sua vida.

Se você busca uma pessoa que consiga mudar a sua vida, olhe-se no espelho.

> "Melhor atirar-se à luta em busca de dias melhores, do que permanecer estático como os pobres de espíritos, que não lutam, mas também não vencem; que não conhecem a dor da derrota, mas que não têm a glória de ressurgir dos escombros."
>
> **— Bob Marley**

Todo trabalho é um autorretrato da pessoa que realizou. Autografe a sua obra com ética, propósito e excelência.

POS
FÁCIO

Kant, um dos mais célebres filósofos modernos, no livro *A Crítica da Razão Pura*, fala sobre os juízos sintéticos, aqueles que através da junção de informações distintas chegam a uma nova informação. É isso. Reúna todas as informações possíveis e sinta se realmente é aquilo que você quer, se você está preparado para enfrentar as inúmeras situações adversas para fazer a travessia. Muitas pessoas se dão mal por não saberem o que querem. Depois, ficam se torturando pela perda de um sonho, que elas mesmas consideravam, antes do fracasso, inatingível. Toma decisões equivocadas que deveriam ficar retidas nos freios e contrapesos da consciência e depois se sentem injustiçadas e perseguidas pela sociedade. Sonho errado e falta de resiliência para lutar. Sem um posicionamento estratégico, você perde oportunidades únicas que talvez não apareçam nunca mais.

O mundo do futebol, onde abasteço o meu material de trabalho como cronista esportivo, é repleto de histórias inspiradoras de jogadores que superaram obstáculos, por vezes intransponíveis, para alcançar o sucesso. Uma dessas histórias é a de Cafu, um dos maiores laterais-direitos da história do futebol brasileiro, em todos os tempos. Bicampeão Mundial de futebol com a Seleção Brasileira, além de ter disputado mais duas copas, 1998 e 2006. Marcos Evangelista de Morais, conhecido como Cafu, nasceu em Jundiaí (SP), em 1970. Cafu teve uma infância humilde na Vila Irene, zona sul da capital paulista, e, desde criança, sonhava em ser jogador de futebol profissional. Achava que suas habilidades com a bola eram o suficiente para torná-lo um astro da seleção brasileira. Mas, a trajetória não foi fácil. A realidade brutal nos campos das dificuldades testou a capacidade de resiliência do Cafu. Como muitos jovens talentos, ele participou de diversas avaliações e testes, chamados de peneiras, para ingressar em equipes de base, mas sem sucesso. Foi reprovado em nove peneiras, quatro vezes dispensado pelo São Paulo. Ele não desistiu de seu sonho e persistiu. Trabalhando duro para melhorar sua qualidade técnica, especialmente os cruzamentos e provar seu valor no campo. Com tamanha insistência, acabou sendo aceito para as categorias de base do São Paulo, após ter rodada por equipes menores como o Itaquaquecetuba. Rapidamente ganhou espaço e chegou ao profissional. O técnico Tele Santana foi muito importante na vida do Cafu. O treinador foi intransigente com o jogador, exigindo perfeição nos cruzamentos e arremates para o gol. Daí para frente, todos conhecem a história do Cafu que se transformou em uma lenda. Campeão mundial de clubes pelo São Paulo, carreira internacional sólida e conquistas com a seleção brasileira.

Só o talento não basta, ele vai sucumbir se não houver resistência. Insista, persista e resista. Use como bússola a frase de Martin Luther King: *"Se não puder voar, corra. Se não puder correr, ande. Se não puder andar, rasteje, mas continue em frente de qualquer jeito."*

Arrume uma maneira de superar os bloqueios mentais, criados por traumas de tentativas e fracassos. Quando se houve muitos "nãos" tem-se a ilusão de que existe uma barreira que nos impede de prosseguir. Use uma marreta para derrubar a barreira e vá em frente. O condicionamento é uma coisa tão forte que pode cercear e destruir um sonho. A vida exige tomadas de decisão que vão fazer assumir riscos. Pode ser que não tenha êxito na sua primeira tentativa. Não desista, vá em frente. Se não der certo, tente outra vez, e mais uma vez até conseguir, como fez o jogador de futebol Cafu.

Quando a dúvida pintar, faça uma interface com você, olhando no espelho. Vendo a sua imagem refletida, fale olhando nos seus olhos, como se falasse para um grande amigo. Pergunte a si mesmo: "É isso que você realmente quer?"

Lembre-se: a luta será às cegas, num lugar estranho e hostil. Para chegar lá, você precisará caminhar com o instinto de sobrevivência. Se a resposta for *sim*, ninguém conseguirá derrotá-lo. Você tem todas as ferramentas para superar o medo do desconhecido; basta acreditar e trabalhar fervorosamente para alcançar o topo da montanha. Fuja do medo. Medo de fracassar, medo de que riam de você, medo de críticas, medo de perder tudo. O medo te paralisa.

Com certeza vão aparecer muitas encruzilhadas tenebrosas antes de se saber o rumo certo. Tenha em mente que você será julgado, criticado e vão dizer que você está no caminho errado e não nasceu para isso. Não acredite, mantenha a postura ativa e siga em frente. É a sua história que você está construindo e ninguém tem o direito de opinar sobre o roteiro que você quer seguir. A menos que você decida aceitar sugestões que podem ajudar, dependendo de quem vai fazer essa contribuição. Aceite ajuda de verdade e não aquelas falsas premissas que só vão atrasar a sua vida. Quem estará no meio da tempestade é você. Portanto, é você que tem que decidir para que lado vai remar o seu barco. Cada escolha carrega consigo uma responsabilidade que só você poderá responder por ela.

Não fique arrumando desculpas incontornáveis para deixar de fazer o que é preciso para buscar a realização. Algumas pessoas dizem que estão planejando quando, na verdade, estão procrastinando. Tenha foco na estratégia para construir a sua história e realizar o seu sonho. Monte a sua base em algo sólido que tenha sustentação desde o início. Acredite no efeito borboleta: devido a uma iniciativa simples, milhares de outros eventos podem acontecer com resultados épicos no futuro. Todos querem ser extraordinários e seremos se a nossa jornada tiver competência, sabedoria e trabalho. Mas, para se ter sucesso em qualquer atividade, depende de um início.

O efeito borboleta é uma expressão descrita em 1961 pelo meteorologista americano Edward Lorenz, utilizada na Teoria do Caos para fazer referência à sensibilidade nos movimentos iniciais. Lorenz deixou uma frase emblemática: o bater de asas de uma borboleta no Brasil poderia causar um tornado nos Estados Unidos.

Começos humildes podem levar a grandes realizações. O que quero dizer com isso é que, se você não tomar a iniciativa, nada vai acontecer. Comece criando conexões com pessoas da área em que pretende atuar. Isso vai abrir portas para você crescer profissionalmente. O *networking* pode ser muito mais poderoso do que você pensa. Crie uma rede de contatos dando atenção quando alguém está falando e, no momento oportuno, faça um comentário focando verdadeiramente o aspecto positivo do que você ouviu. Diga uma frase curta do tipo: muito interessante o que você disse. Parece bobeira isso, mas não é. Uma das maiores dificuldades da comunicação é gerada pela falta de empatia. O depoimento vai valorizar o seu interlocutor e criar uma empatia na conversa. Além do que, a troca de conhecimentos enriquece muito a sua experiência pessoal e agrega valores mútuos.

Em última análise, a lição de Cafu e de tantas outras histórias de sucesso é clara: o talento é a semente, mas a persistência, o trabalho árduo e a resiliência são o que a fazem florescer. Lembre-se do efeito borboleta: sua pequena iniciativa hoje pode ser o bater de asas que transformará completamente seu futuro. Portanto, comece.

CARLOS BATISTA

Radialista, locutor esportivo, apresentador de televisão e publicitário. Autor do livro: O Guardião da Ilha.

@carlosbatistabatista

AGRA DECI MENTO

Gostaria de expressar minha gratidão a todos que chegaram até aqui; espero do fundo do coração que o conteúdo compartilhado nos capítulos multiplique os seus resultados, assim como aconteceu comigo.

A todos que acreditam no poder de um propósito. Aos que, mesmo em meio às incertezas, escolhem seguir em frente, confiando no potencial que carregam dentro de si. Aos meus mentores, aprendizes, clientes e parceiros de jornada — cada um de vocês deixou uma marca na minha história, e sem os aprendizados que vivi ao lado de vocês, este livro jamais teria nascido.

Ao meu amigo, Felipe Battistoni, por sua entrega e contribuição generosa neste projeto.

À minha esposa e sócia, Rafaela Medina, por ser minha parceira nos negócios e na vida.

Ao meu filho Davi, por ser meu combustível diário, minha maior inspiração.

E, sobretudo, dedico à minha mãe.

A mulher que nunca soltou a minha mão.

A que acreditou em mim quando mais ninguém acreditava.

A que orou por mim quando eu não tinha forças.

A que enxergou luz quando tudo parecia escuro.

Este livro carrega a força da sua fé, o reflexo do seu amor e a esperança que você sempre me ensinou a não perder. Mãe, o seu legado é eterno no meu coração. Muito obrigado por tudo.

Com gratidão,

GUSTAVO MARTÍNEZ

Escritor, empreendedor (fundador do grupo Newcastle Idiomas e da Editora Newcastle), palestrante e host do Podcastle TV.

@gustavonewcastle

REFE-
RÊNCIAS

BÍBLIA ONLINE. Disponível em:
<https://www.bibliaonline.com.br>. Acesso em: 01 maio 2025.

Todos os versículos bíblicos encontram-se no site da Bíblia Online.

SOBRE O AUTOR E SEUS PROJETOS

LIVROS:

- Princípios Poderosos para Recomeçar
- A Fórmula dos Campeões
- Liberte o Seu Potencial
- O Sábio que Vendeu a Sua Lamborghini

PODCAST:

Podcastle TV — Meu podcast onde trago conversas inspiradoras com grandes mentes, abordando histórias de vida que inspiram, negócios, fé e superação.

- **www.youtube.com/@PodCastleTV**

EMPRESAS:

Newcastle Idiomas — A escola de inglês presencial e online mais bem avaliada do Brasil.

- **www.newcastleidiomas.com.br**

Wondersheep Coffee — O café que acompanha grandes jornadas e momentos de reflexão.